7521767756

三千世界三字经 2

张玮
馒头说团队
—著

中信出版集团｜北京

图书在版编目（CIP）数据

三千世界三字经：全4册 / 张玮，馒头说团队著.
北京：中信出版社，2024.9. -- ISBN 978-7-5217
-6775-9

Ⅰ. H194.1

中国国家版本馆CIP数据核字第2024NX8952号

三千世界三字经
著者： 张玮　馒头说团队
出版发行：中信出版集团股份有限公司
（北京市朝阳区东三环北路27号嘉铭中心　邮编　100020）
承印者：北京尚唐印刷包装有限公司

开本：880mm×1230mm 1/32　　印张：24.75　　字数：495千字
版次：2024年9月第1版　　印次：2024年9月第1次印刷
书号：ISBN 978-7-5217-6775-9
定价：180.00元（全4册）

版权所有·侵权必究
如有印刷、装订问题，本公司负责调换。
服务热线：400-600-8099
投稿邮箱：author@citicpub.com

目 录

常识篇·人间

28 中国自古就是"南甜北咸"吗?   003
   酸苦甘,及辛咸,此五味,口所含。

29 气味是怎么来的?   009
   膻焦香,及腥朽,此五臭,鼻所嗅。

30 中国的古典音乐是什么样的?   017
   宫商角,及徵羽,此五音,耳所取。
   匏土革,木石金,与丝竹,乃八音。

31 中国话为什么那么难学?   026
   曰平上,曰去入,此四声,宜调叶。

32 到底什么是"株连九族"?   032
   九族者,序宗亲:高曾祖,父而身,
   身而子,子而孙,自子孙,至玄曾。

33 谁说"妻子如衣服"?   039
   五伦者,始夫妇,父子先,君臣后,
   次兄弟,及朋友。当顺叙,勿违负。

34	什么是"五服"？	045
	有伯叔，有舅甥，婿妇翁，三党名。	
	斩齐衰，大小功，至缌麻，五服终。	

35	古人从小要学什么？	055
	凡训蒙，须讲究。详训诂，明句读。	
	礼乐射，御书数，古六艺，今不具。	
36	如何理解"汉字的美"？	062
	惟书学，人共遵。既识字，讲说文。	
	有古文，大小篆，隶草继，不可乱。	
37	古代的"小学"到底是什么？	070
	若广学，惧其繁，但略说，能知原。	
	为学者，必有初。小学终，至四书。	
38	孔子和《论语》	077
	论语者，二十篇，群弟子，记善言。	
39	孟子和《孟子》	083
	孟子者，七篇是，辨王霸，说仁义。	
40	如何看待"中庸"？	090
	中庸者，子思笔，中不偏，庸不易。	
41	古代读书人的"四大理想"是什么？	098
	大学者，学之程，自修齐，至治平。	
	此二篇，在礼记，今单行，本元晦。	

42 皇帝们为啥爱看《孝经》? 105
　　四书通,孝经熟,如六经,始可读。

43 "六经"为什么只留下了五部书? 112
　　六经者,统儒术。文作周,孔子述。
　　易诗书,礼春秋,乐经亡,余可求。

44 《易经》只是用来算命的吗? 119
　　有连山,有归藏,有周易,三易详。

45 《尚书》是本什么书? 126
　　有典谟,有训诰,有誓命,书之奥。

46 《诗经》为何成为经典? 133
　　有国风,有雅颂,号四诗,当讽诵。

47 什么是"三礼"? 140
　　周礼者,著六官。仪礼者,十七篇。
　　大小戴,集礼记,述圣言,礼法备。

48 什么是"春秋笔法"? 147
　　王迹息,春秋作。寓褒贬,别善恶。

49 读《春秋》,为何要搭配这三本书? 155
　　三传者,有公羊,有左氏,有谷梁。

50 《尔雅》:中国古人的百科全书 162
　　尔雅者,善辨言,求经训,此莫先。

51 "注疏"是什么意思? 168
　　注疏备,十三经。惟大戴,疏未成。

52 史书为什么要分类别? 175
左传外,有国语。合群经,数十五。

53 "经史子集"是按什么分的? 181
经既明,方读子。撮其要,记其事。

54 "三教九流"到底是什么意思? 187
古九流,多亡佚。取五种,修文质。

55 除了孔子和孟子,还有哪些"子"? 194
五子者,有荀扬,文中子,及老庄。

常识篇·人间

28 中国自古就是"南甜北咸"吗？

> 酸苦甘，及辛咸，此五味，口所含。
>
> "五味"的说法是怎么来的？
>
> 不同地区的人喜欢吃什么口味的美食呢？

什么是"五味"？

你最喜欢吃什么东西？是甜甜的蛋糕、酸酸的水果，还是孜然味的烤肉或香辣味火锅？大家有没有发现我们主要是通过舌头来品尝味道的呢？其实，我们人类拥有味觉，能够分辨出各种各样的味道，是因为我们的舌头表面有上万个专门用来感受味道的味蕾，每个味蕾都由一组味觉细胞组成。味觉让我们能够品尝到美食的各种味道，生活也因此变得丰富多彩。《三字经》里也有一句关于味道的话："酸苦甘，及辛咸，此五味，口所含。"意思是，酸味、苦味、甜味、辣味和咸味，合在一起叫"五味"，是我们能用嘴巴分辨出来的味道。

我们中国有一个成语，叫作"五味杂陈"，指的就是各种味道混杂在一起的那种复杂的感受。我们的老祖宗很早就开始研究味道这个东西了，在中国现存最早的医学典籍《黄帝内经》里，就已经记载了五味这个说法。味道是很难用语言直接描述出来的，所以，在很早的时候，人们主要是通过植物的滋味来表达不同的味道。比如梅子的味道就是很酸的，所以人们就把梅子叫作酸梅。而黄连这种植物的味道，就是典型的苦味，所以中国才有"哑巴吃黄连——有苦说不出"这句歇后语。古人说的甘味就是甜味的意思，古人发现，有一种药草，它的味道是比较甜的，所以人们干脆直接以味道来命名这种植物，就叫它甘草了。

　　古人为什么这么早就开始研究味道了呢？原来，古人生了病之后，没有现成的药品可以吃，只能去野外采摘植物作为草药。人们发现，不同味道的植物，吃了之后的效果也是不一样的，有些苦味的植物能帮助人排泄，有些酸味的植物能促进消化。所以，人们就开始记录各种植物的味道，根据这些味道来判断它们的药用价值。正因如此，五味最早是由医学书籍记载的。

　　不过，我知道很多人一提到吃药，就会皱眉头，因为一般来说，药都是比较苦的，我们很少能吃到甜味的药。所以，中国有一句古话叫"良药苦口利于病"，说的是那些能又快又好地治病的药品，一般都是比较苦的。不仅是药，有些蔬菜也是有苦味的，比如苦菜和苦瓜。很多挑食的人可能一见到苦瓜，就要扭过头去，不想吃了。苦瓜这样的蔬菜，虽然味道很苦，但是能够清热解毒，降低血糖，是一种能让我们变得更健康的食物，所以，大家还是应该试着去接受苦味的食品。不过，也有人喜欢苦味的东西，比如咖啡，它其实是一种后味很苦的饮料，但是苦苦的咖啡能够提神醒脑，让人保持活力。在世界各地，尤其是西方，很多人都对咖啡的苦味非常着迷，一天不喝咖啡就会觉得少了点什么。

各地人的不同口味

随着老祖宗烹饪技术的发展，再加上中国地大物博，我们中国菜里出现了各种各样的菜系，不同的地方有着不同的美食。中国有一句俗话，"东酸西辣，南甜北咸"，当代作家陆文夫在一篇写美食的文章里也提到了这句话。这句话的意思是住在东部的人爱吃酸的，住在西部的人爱吃辣的，南方人喜欢吃甜的，北方人喜欢吃咸的。当然，这句俗语只是一个笼统的说法，它最主要的意思是，生活在不同地方的人往往有着不同的口味偏好。

有哪些地方喜欢吃酸的呢？一提到酸味的美食，我们很容易会想到酸菜，或者酸汤水饺，这些都是经典的东北美食。在冬天，东北地区因为气温太低，加上古代科技和交通并不发达，所以不容易获得新鲜的蔬菜，于是东北人就把大白菜做成美味可口又耐放的酸菜，保证自己一年四季都能有蔬菜

吃。除了东北，还有很多地方的人对酸味的食物情有独钟。比如广西人和福建人会吃一种特色美食，叫作酸笋，在那边的很多小城里，家家户户都有制作酸笋的酸笋缸。山西人也很喜欢吃酸的东西，为了保证酸味的正宗和浓烈，山西出现了一种特产，那就是老陈醋。和一般的醋相比，山西老陈醋的酸味更浓，酸味持续的时间更久。据说，有些爱吃酸味的山西人，在吃饭之前会直接拿勺子喝上几勺醋来开胃解馋呢。

相比于酸味，中国爱吃辣味的地方主要集中在西南部，以湖南、四川、重庆、贵州等地区为代表。正因如此，人们会管四川的女子叫作"辣妹子"，既点明了四川女子的脾气比较火辣直爽，又指出了四川人很能吃辣的饮食习惯。他们为什么这么能吃辣呢？大家如果也吃过辣椒，会发现，人在吃辣的时候，很容易出汗。中国西南地区降水量比较大，地形又以山区和盆地为主，就导致这些地方的气候比较潮湿，人们很容易感到闷热,有汗排不出来。这个时候,如果吃上一顿麻辣火锅,不仅痛快,还能把流不出来的汗都排出来,让身体里的湿气不至于太多。

值得一提的是,辣味其实不是一种味觉,而是一种痛觉。辣味会刺激鼻腔和口腔的黏膜,从而刺激我们的痛觉神经,给我们留下痛苦的感觉。这种痛觉会让我们感到紧张,从而想喝水、想吃饭。不仅如此,人类还有一种平衡机制,当我们痛苦的时候,体内会同时分泌一些激素来平衡这种痛苦。当我们吃辣的时候,我们自然也会分泌一些激素,这些激素甚至会让人产生快乐的感觉。所以,我们会发现,有很多人爱吃辣,而且对于辣味的食物,越吃越上瘾。

在中国,江浙地区的菜系,特别注重使用糖这种佐料,来提高菜品的甜味。比如江浙地区的名菜糖醋排骨和松鼠鱼,都会在菜品上淋上一层甜味酱汁,口感非常独特。江浙地区的人们还喜欢喝甜粥,吃甜酒,食用各种各样的甜味糕点。当然,甜味的食物基本上人人都爱吃,因为糖分能够为我们带来生存所需要的能量,所以获取糖分本来就是生物的本能之一。吃甜食不是江浙人的专利,比如广东地区到处都有糖水铺,路上还有人卖甘蔗汁和西瓜汁,都是清凉解暑的甜味饮品。

为什么在人们的印象里,中国自古就是"南甜北咸"呢?这主要是因为,古代的制糖技术不发达,在北方,糖主要源于蜂蜜和麦芽糖,制作成本非常高。而在南方,因为很多地区都生长着含糖量很高的甘蔗,所以南方人更容易获得蔗糖，作为食物的原料。北宋时候的著名学者沈括也曾记载他所处时代的人的口味："南人嗜咸，北人嗜甘。"

不过，到了今天，人们常说北方中原地区的人比其他地方的人口味重，说的就是这里的人做饭时盐放得比较多，菜品偏咸一点。比如，在河南，不论是胡辣汤，还是羊肉汤、烩面，一般来说，都会放比较多的盐和胡椒，来保证汤味的浓厚。有数据显示，虽然世界卫生组织建议，为了保证身体的健康，成人每人每天的食盐量不应该超过 5 克，但在河南，每人每天的人均食盐量有将近 14 克，是标准食盐量的两倍还多。虽然我们人类的生命离不开盐分，但其实人每天最多吃 5 克盐就已经足够了，5 克这个量其实非常少。我们如果吃太多盐，很容易患上心脑血管疾病。

所以我们一定要注意，不论是辣椒、糖还是盐，都不要吃过量，否则就会影响我们的身体健康。我们最好能把各种口味的饭菜搭配起来吃，做到膳食营养的均衡，这样才能健康长寿，拥有更好的胃口去品尝人间美食。

酸苦甘，及辛咸，此五味，口所含。

酸味、苦味、甜味、辣味和咸味，合在一起叫作"五味"，是我们能用嘴巴分辨出来的味道。

29 气味是怎么来的？

- 膻焦香，及腥朽，此五臭，鼻所嗅。
- "五臭"指的是哪些味道？
- 对我们来说，哪些难闻的气味有什么价值？
- 古人喜欢哪些香味？

人类既有味觉，也有嗅觉。味觉主要依靠口腔获得，嗅觉主要依靠鼻腔获得。我们在吃到可口的饭菜之前，能够先闻到饭菜的香味，从而产生食欲。当然，我们也会闻到一些难闻的气味，比如焦煳的味道、腥臭腐烂的味道等。《三字经》里有一句关于嗅觉的话："膻焦香，及腥朽，此五臭（xiù），鼻所嗅。"意思是说，羊膻味、烧焦味、香味、鱼腥味和腐朽的气味，这五种典型的气味叫作"五臭"，是我们的鼻子可以闻到的。"臭"这个字是个多音字，在读chòu的时候是难闻或者差劲的意思，在读xiù的时候是气味的意思。

我们的鼻子为什么可以闻到各种各样的气味呢？

因为在我们鼻孔后面的鼻腔及大脑中，有着能够产生并传导嗅觉的神经系统。在鼻腔上部的黏膜中，有很多对气味非常敏感的嗅细胞。我们知道,空气里有很多我们肉眼看不见的微粒,其中就有一些是有气味的。当这些有气味的微粒被我们吸到鼻子里去的时候,鼻子里的嗅细胞就会感受到它们的气味,然后通过嗅神经,告诉我们的大脑。这样,我们就闻到身边空气的气味了。一般人可以分辨出几千种不同的气味,并且能够把这些气味和产生这些气味的东西联系在一起,比如梅花是香的,粪便是臭的。所以说,拥有嗅觉是我们人类非常宝贵的一种能力。很多东西,我们不用看见,仅通过气味就能知道它们就在附近。

什么是"五臭"?

在先秦时代,"五臭"的概念就已经被提出来了。在中国现存最早的医学典籍《黄帝内经》里,就已经有了和五臭相似的"五气"说法。而在古代学术经典《管子》这本书里,更是多次提到了五臭这个词。《管子》记载说,在某个地区,分布着五种有不同气味的植物,这些植物能够对人产生非常好的作用,不仅能让人避免生病,还能让人延年益寿,所以那里的人颜值都比较高,也都很心灵手巧。从《管子》的记载,我们可以发现,在古代,人们会通过植物的气味判断植物能不能吃、营养价值高不高。儒家的经典之作《礼记》则把五臭和四季联系在了一起。《礼记》认为,春天的气味主要是膻味，夏天的气味主要是焦味，夏秋之交的气味主要是香味，秋天的气味主要是鱼腥味，冬天主要是腐朽的气味。当然，这也只是一种说法而已。

不知道大家发现了没有，在五臭里，除了香味，其他四种都不太好闻。

膻味，一般指的是羊身上的臊气。大家知道三个"羊"字可以组成什么汉字吗？三个"羊"组成的汉字是"羴"（shān），是"膻"字在古代的另一种写法，也叫异体字。通过这个由三个"羊"组成的"羴"字，我们可以猜测，羊身上的膻味确实比较大，给古人留下了非常深刻的印象。不只是羊，牛和猪等家畜身上都有或多或少的膻味和臊气。不同的家畜身上的气味，也会影响它们肉质的口感。

和膻味相似，腥味主要指的是鱼身上发出来的气味，这主要源于鱼肉蛋白质代谢和腐败产生的三甲胺。此外，鱼体内含有很多鱼油，鱼油里面有着丰富的营养物质，同样具有浓烈的鱼腥味。

动物身上的膻味和腥味也间接促成了一件事，那就是促使人们不断地提高烹饪肉类的技巧，在做菜的时候如何去掉肉的膻味和腥味，慢慢就成了一门学问。你们如果看过爸爸妈妈或饭店厨师做菜，就会发现，他们大多数情况下会倒入料酒，或者放入生姜片来去味。在做肉的时候会加入花椒、橘子皮和水萝卜片，因为这也具有减轻膻味和腥味的作用。

焦味主要指的是物体烧焦时发出的气味，一般来说，焦味是比较苦的,所以古人也把焦味称作"苦气"。人们在闻到烧焦的气味时会感到焦虑,想要离开,这是人类的一种自我保护机制,因为焦味往往就意味着有火。另外,很多有毒气体都有比较刺鼻的气味,所以我们一闻到这样的气味,就能察觉到危险,想要离开这样的环境。正因如此,那些没有气味的有毒气体,其实比有刺鼻气味的有毒气体要更危险。比如我们烧水做饭用的煤气,它的主要成分是一氧化碳,一氧化碳这种气体没有气味,浓度高了又对人体有害,所以非常危险。可能有的人会说,不对啊,煤气很刺鼻啊,怎么会没气味?这是因为煤气没有味道,无法被人发觉,所以人们故意加了有刺鼻气味的物质进去。这样一旦发生煤气泄漏,刺鼻的气味可以提醒人们及时去关掉煤气。所以,那些难闻的气味,有时候它们的存在也是非常必要的。

　　朽味主要指的是物质腐烂后发出的气味。为什么原本香喷喷的食物,如果没有吃完,放了几天就会腐烂并散发令人

作呕的臭味呢？这是因为世界上有非常多仅凭肉眼看不见的微生物，这些微生物会跑到食物上去分解食物里的蛋白质等营养成分，并且排出有腐臭味的气体。所以，我们尽量不要浪费食物，每顿都要把碗里的饭菜吃光。当然，我们如果实在需要储藏食物，也不是没有办法。在低温环境里，那些会分解食物的微生物的繁殖和行动会受到影响，所以我们可以用保鲜膜把食物包裹之后，把它们放到冰箱里去，这样就能延长食物的储存时间了。有时候，我们的身上也会发出腐臭味，比如有的人嘴里会发出腐臭味，也就是人们常说的口臭。如果这个人不是刚刚吃了韭菜或臭豆腐这类东西，那么口臭其实是在提醒这个人，他的口腔不卫生，或者饮食习惯不好，很可能他的口腔和胃肠道系统已经生病了。

和膻味、腥味、焦味、朽味相比，香味就比较好闻了。其实，香味不是某种确定的味道，大部分令人感到愉快舒适的气味，都可以说是香味。比如中国有一句俗语，叫作"酒香不怕巷子深"，意思就是，只要这是真正的美酒，就算我们把它放在很深的巷子里，它的香味也会从巷子中飘出来，让大家闻到。从这句话，我们也能看到人们是很喜欢酒的香味的。搭配着酒香，食物的香味也让古人着迷。唐代的大诗人李白就曾经这样描绘一家饭店："风吹柳花满店香，吴姬压酒唤客尝。"这句诗是说，吹飞了柳絮的春风，让整个饭店都飘满了香气，店里的侍女拿出了美酒，劝我们这些客人品尝。

古人喜爱的香味

除了美酒佳肴,植物的香味也让古人着迷。唐代的大诗人杜甫在春天闻到花草的香味后情不自禁地写下了"春风花草香"这样的诗句。在冬天,梅花的香味更让古人印象深刻。宋朝的诗人曾经这样写道:"梅须逊雪三分白,雪却输梅一段香。"意思是说,梅花虽然不像雪花那样洁白,却比雪花多了一缕清香。

为了能够随时闻到香味,古人还会制作各种各样能产生香味的东西。

比如,我们如果去寺庙,会发现寺庙里会有香炉,香炉里会有燃烧着的线香。根据历史记载,燃烧后能散发出气味的香最早源于西域,一开始,主要是作为药品帮人治病。而线香则在宋明时期产生。线香主要由天然植物做成的香药制作,使用不同的原材料制作的线香,能够产生不同的味道,从而产生不同的效果。比如我们现在常见的螺旋状的蚊香,它就加入了蚊虫讨厌的植物成分,所以有了驱蚊驱虫的效果。还有的线香使用沉香、檀香等能发出香味的木材制作而成,可以安神助眠等。当然,这些需要燃烧来产生香味的香还是比较危险的,容易引起火灾,所以我们现在一般使用有各种气味的香薰来代替线香。

古人除了使用通过燃烧来产生香味的线香,还会佩带香囊，或者在身上涂抹香粉，让自己的身体保持香喷喷的状态。我们中国人佩带香囊的历史是非常悠久的，在汉朝的时候，人们就已经给未成年的孩子随身佩带香囊了。古代的香囊一般装着中草药和鲜花研磨成的粉末，除了散发出香味，有的香囊能够驱蚊驱虫，还有的香囊能够帮助人提神，让人不犯困。在古代的时候，如果男女之间产生了爱情，他们也会把自己随身佩带的香囊作为定情信物送给对方。

看了古人喜欢的气味，不知道大家平时最喜欢闻什么气味呢？当然，也不是人们喜欢闻的所有气味，都是香味。比如有的人喜欢闻汽油的气味，还有的人喜欢闻胶水、指甲油、涂改液、马克笔等的气味。这些气味非但不是香味，还对人的身体健康有害处。之所以会有人喜欢闻这些气味，是因为汽油、涂改液这样的东西里，含有一些容易挥发到空气里的化学物质，这些化学物质可能会让人误以为是一种香味，但其实却有害于人体的健康。所以，大家平时可以多多闻那些花花草草的香味，不要总是去闻那些工业和化学产品的气味。

> **知识卡**
>
> 膻焦香，及腥朽，此五臭，鼻所嗅。
>
> 羊膻味、烧焦味、香味、鱼腥味和腐朽味这五种典型的气味，叫作"五臭"，是我们鼻子可以闻得到的。

常识篇·人间

风吹柳花满店香,吴姬压酒唤客尝。

出自唐代著名诗人李白的诗歌《金陵酒肆留别》。这句诗是说,吹飞了柳絮的春风,让整个饭店都飘满了香气,店里的侍女拿出了美酒,劝我们这些客人品尝。

梅须逊雪三分白,雪却输梅一段香。

出自宋代诗人卢钺(yuè)的诗歌《雪梅·其一》。意思是说,梅花虽然不像雪花那样洁白,却比雪花多了一缕清香。

30 中国的古典音乐是什么样的?

> 宫商角,及徵羽,此五音,耳所取。
>
> 「五音」指的是哪五音,有哪些与丝竹,木石金,匏土革,乃八音。
>
> 关于五音的记载?
>
> 中国五声音阶和西洋七声音阶有什么不同?
>
> 中国古代制作乐器的材料有哪些?

你们喜欢听音乐吗?爸爸妈妈有没有带你们去学习什么乐器呢?早在上万年前,我们中国人就开始接触音乐了。我们的祖先创造了一个美妙又独特的民族音乐世界,也发明了很多关于音乐的概念和术语。

本篇我们就来聊聊《三字经》里关于音乐的这句话:"宫商角(jué),及徵(zhǐ)羽,此五音,耳所取。"意思是,宫、商、角、徵、羽这些音乐符号,在古代被叫作"五音",是我们可以用耳朵来辨别的。

"五音"的由来

在中国,"五音"这个说法的历史是非常悠久的。在周朝的时候,"五音"这个音乐体系就已经基本确定了。周朝的重要文献《周礼》这本书里就记载了"宫商角徵羽",还把它们放在一起叫作"五声"。春秋时代的经典文献《国语》里也有关于这些音乐符号的记载:"大不逾宫,细不过羽。夫宫,音之主也,第以及羽。"这句话的意思是,在音乐里,声音最低沉深厚的不会超过宫声,最高最细的不会超过羽声。宫声是音乐里最主要的音调,音调就是从宫声开始,依次升高到羽声。

看到这里,大家有没有猜出来,宫商角徵羽到底指的是什么呢?提到音乐,大家会下意识地想到do、re、mi、fa、sol、la、si这七个音。其实,这七个音源于西方的音乐,叫作西洋七声音阶。和西洋七声音阶相对,中国古代的音乐符号,宫、商、角、徵、羽只有五个音,所以它们又叫作中国五声音阶。宫、商、角、徵、羽这五个音,相当于西洋七声音阶去掉了fa和si,也就是do、re、mi、sol、la。难道中国音阶就比西洋音阶要少两个音吗?其实也不是,那少掉的两个音,在中国音阶里叫作变徵和变宫。所以,中国古代的完整音阶其实是宫、商、角、变徵、徵、羽、变宫。

古人的音乐鉴赏能力是非常高的,在他们眼里,不同声调的音乐，听着会有不同的感受。战国时代的学术著作《管子》这本书，非常生动地记载了人们听音乐的感受："凡听徵，如负猪豕，觉而骇。凡听羽，如鸣马在野。凡听宫，如牛鸣窌（jiào）中。凡听商，如离群羊。凡听角，如雉（zhì）登木以鸣，音疾以清。"意思是，当我们听到了徵声，就好像是听到了我们抱走小猪崽时大猪的那种高亢的惊叫声。当我们听羽声，就好像是听到了荒野里马的那种尖厉的嘶鸣声。当我们听宫声，就好像听到了牛在地窖里的那种低沉还有回音的叫声。当我们听商声，就像听到了羊从羊群里走丢时的那种叫声。当我们听角声，就好像听到了飞到树梢上的野鸡那种又清又快的鸣叫。这段话既非常形象地写出了不同的音调之间音高的区别，也让我们感受到古典音乐那让人身临其境一般的魅力。

在史书中，也经常出现宫、商、角、徵、羽这些声调的踪影。

在战国时代，有一个武功高强的壮士叫作荆轲，他接受了一个要付出自己生命的任务，那就是去刺杀秦国的国君。在他正准备出发的时候，燕国的太子带着他的门客一起去河边送别荆轲。在告别的时候，太子手下的一个乐师演奏着一种叫作"筑"的古代弦乐器，荆轲在音乐声里放声歌唱，唱的就是变徵这个音。听到变徵这个音调后，在场的人都感到非常悲伤，流下了眼泪。接着，乐师改变了音调，开始弹羽声，荆轲也跟着唱起了羽声。听到羽声这个音调后，在场的人们都慷慨激昂，提起了精神，眼睛瞪得圆圆的，连头发都竖起来了。

在周朝的时候，人们演奏音乐不只是为了听，还是为了用音乐来规范人们的行为。周朝实行的是礼乐制度，用礼和音乐来约束人们，规定不同身份的人要享受不同的音乐。所以，在古人眼里，音乐也和政治有着紧密的联系。《礼记》中有这样一句话："宫为君，商为臣，角为民，徵为事，羽为物。"意思是说，宫声代表着国君，商声代表着大臣，角声代表着老百姓，徵声代表着事情，羽声代表着物品。所以，当时的人觉得，只有这五种声音都不发生混乱，国家才能太平，百姓才能富足。

这件事儿听上去好像迂腐得很，但背后还真有那么点逻辑存在。比如说，周朝时，郑国这个地方的音乐比较特别，经常在曲子里使用一些不符合当时正统音乐标准的音调。对于郑国的音乐，儒家学派的创始人孔子是完全听不下去的，评价说郑国的音乐是非常放荡混乱的。结果，郑国是周朝时第一个公开和周天子打仗的国家，并且还赢了，从此周天子的威信就大大削弱了。

你粗略一看，这事儿和音乐有什么关系啊？但仔细想想，郑国之所以被人说"音乐不正经"，是因为这个国家推行重商主义，经济很发达，风气也较为自由，所以就不太会被条条框框约束，音乐自然也就更开放、更自由一些，这也导致这个国家并不会认同一些大家都遵守的条约，最终和周天子开战了。音乐并不是导致郑国挑战周天子的原因,而是表现出的一个结果而已。

孔子在《论语》里就感叹过这种现象,后人也总结出一个成语,叫"礼崩乐坏",意思是封建的规章制度遭到极大破坏。从这个成语我们就可以看到,礼仪和音乐,是维持封建制度的两个重要组成部分。

古代的乐器

接下来,我们再来说说古代的乐器。

既然要演奏音乐,就一定要有乐器,中国古代的乐器五花八门。《三字经》里又有这样一句话:"匏(páo)土革,木石金,与丝竹,乃八音。"

意思是说,匏瓜、黏土、皮革、木块、石头、金属、丝线与竹子,是我们古人制作乐器的八种材料,所以被称为"八音"。虽然叫作八音,但我们古代的乐器是远远不止八种的,因为一般来说,每种能够制作乐器的材料,都能够制作出好几种不同的乐器。

金属、黏土、皮革、木块、石头这五种材料都比较坚硬,所以比较适合制作打击乐器。用石头制作的最有代表性的乐器,叫作编磬(qìng),一般是把一组片状的石头悬挂起来,通过用小木槌敲击它们来发出声音。因为这些石头有着不同的大小和厚度，所以能发出不同音调的声音。编磬是一种比较简易的古典乐器，更多是作为一种礼器出现的。一般来说，编磬这种乐器是和编钟一起来演奏的。编钟和编磬的发声原理比较相似，古人先用金属铸造出大大小小的钟，和石片差不多，不同大小的钟被敲击的时候能发出不同音调的声音。然后，人们就把这些钟悬挂起来，通过敲击它们来演奏音乐。因为编磬是石头做的，编钟是金属做的，所以编磬和编钟合在一起演奏出的声音就被叫作"金石之声"，这个词也是音乐的意思。

因为黏土能够制作出陶器和瓦片，所以黏土类的打击乐器一般是陶片和瓦片做成的，最有代表性的黏土类乐器叫作"缶"。别看缶这种乐器是黏土制作的，它可是很受周朝贵族

喜欢的。当年，秦王和赵王一起聚会谈判的时候，秦王就曾经亲自为赵王击缶。

和黏土不同，木头受到敲击时本身就能发出响亮的声音，所以古人一般用木块制作拍板、梆子这些乐器，用来打节拍。但不同的乐器，打节拍也有不同的声音。古人还会用动物的皮革制作出鼓这种乐器。和其他材料的打击乐器不同，皮革做的鼓更有弹性，能够发出更浑厚的声音，所以古人一般会在祭祀和打仗的时候敲鼓，来增加队伍的气势。

匏瓜、竹子这两种材料一般用来制作管乐器。匏瓜可以制作出笙和竽等多种乐器。战国时期有一个寓言故事，叫作"滥竽充数"，说的是一个人明明不会吹竽这种乐器，但是他混在一群会吹竽的乐师里，假装自己会吹奏。"滥竽充数"这个成语，指的就是那些明明没有本事，却冒充自己有本事的人。而这个成语里提到的竽，就是用匏瓜制作出来的。另外，因为竹茎的中间是空的，我们要是对着竹筒吹气，就能听见声音，所以竹子也非常适合做成乐器。我们现在经常能看到的笛子，以及箫，就是用竹子制作的管乐器。

因为丝线可以制作成琴弦，所以用丝线制作的乐器叫作弦乐器，比如古琴、琵琶、胡琴、古筝等等。这些弦乐器的音色非常独特，是我们中国民族音乐重要的组成部分。这类乐器我相信不少人比较熟悉，因为很多人现在还在学，还在演奏。这些乐器都是我们的民族乐器，它们不仅仅是乐器，其实也承载着我们民族的传统和文化。

宫商角，及徵羽，此五音，耳所取。
匏土革，木石金，与丝竹，乃八音。

宫、商、角、徵、羽这些古代的音乐符号，被叫作"五音"，是我们可以用耳朵来辨别的。匏瓜、黏土、皮革、木块、石头、金属、丝线与竹子，是我们古人制作乐器的八种材料，所以被叫作"八音"。

凡听徵，如负猪豕，觉而骇。
凡听羽，如鸣马在野。
凡听宫，如牛鸣窌中。
凡听商，如离群羊。
凡听角，如雉登木以鸣，音疾以清。

出自《管子》。意思是说，当我们听徵声，就好像听到了我们抱走小猪崽时大猪的那种高亢的惊叫声。当我们听羽声，就好像听到了荒野里马的那种尖厉的嘶鸣声。当我们听宫声，就好像听到了牛在地窖里的那种低沉还有回音的叫声。当我们听到商声，就像听到了羊从羊群里走丢时的叫声。当我们听角声，就好像听到了飞到树梢上的野鸡那种又清又快的鸣叫声。

宫为君，商为臣，角为民，徵为事，羽为物。

出自《礼记》。意思是说，宫声代表着国君，商声代表着大臣，角声代表着老百姓，徵声代表着事情，羽声代表着物品。

礼崩乐坏

出自《论语·阳货》。原文为：君子三年不为礼，礼必坏；三年不为乐，乐必崩。意思为封建制度遭到了极大的破坏。

31 中国话为什么那么难学?

> 曰平上,曰去入,此四声,宜调叶。
> 什么是四声?
> 为什么只有汉语有四声?
> "入声"到哪里去了?

在我读书的时候,有一首很红的歌,叫《中国话》,歌词大意是从伦敦到莫斯科,全世界都掀起了学中国话的热潮。歌词写得很有意思,里面还加了不少我们熟悉的绕口令,比如"扁担宽,板凳长,扁担想绑在板凳上"等等,旋律也很好听,我挺喜欢这首歌的。

不过,歌曲归歌曲,全世界其实很多人都有个共识:汉语真的没有那么好学,甚至是非常难学的。为什么?或许《三字经》里的这句话就给出了其中一个原因:

"曰平上,曰去入,此四声,宜调叶(xié)。"

这句里的"上"读第三声,"叶"通协作的"协"。这句话的意思就是,我们的祖先把汉语的声调分为平、上、去、入四种,叫四声。四声的运用必须和谐,这样说话才能使人听起来舒畅。

四声是中国古代汉语的四种声调,我们现在讲的汉语,拼音里会标注第一声、第二声、第三声和第四声,这就是从古代汉语的四声发展而来的——平声化作了阴平和阳平,去掉了入声,所以也叫作"阴阳上去"。

外国人为何觉得声调难?

可能有人会问:"四种声调对外国人来说为什么很难呢?这不是很简单吗?"

那你可能就不知道了。"声调"这个东西,对外国人来说不仅难,而且他们如果刚开始学,会觉得完全无法理解。

举个例子吧。

我们的汉字,是一个字一个音的,比如"我是馒头大师",你们读一下,是不是就是一个字一个音?你会说,这不是很平常吗?但是,这在外国人看来就很不正常了!

因为一个字一个音是我们汉语的特点。就拿英语来说吧,英语的一个单词就可能不止一个音,很多有两个甚至更多个音。比如,我们汉语里的"狗",只有一个音,但英语里的"dog",你读一下,是不是两个音?汉语里的"学",也是一个音,在英语里是"study",是不是有三个音?还有个词叫"可能性",汉语是三个字,三个音,它的英语单词是"possibility",你数数，是不是有五个音？

可能有人要问了："我们汉语一个字一个音，不是应该更简单吗？怎么会更复杂呢？"

并非如此。虽然汉字是一字一音，但它有声调，也就是四声。一个字的音加上四声，就变得复杂了。同样的发音，因为声调不一样，意思就完全不一样。

比如说，小狗是怎么叫的？"汪汪汪"，是第一声，但当我们读第二声，读成"王"，可能就是指某人的姓了。那如果我们读成第三声呢？那就是"网"。而第四声读"忘"，又可能变成"忘记"的意思了，更别说还有那么多同音字了。

一个发音，四种声调，就至少代表了四种意思，事实上可以代表的意思更多。你说外国人学汉语头大不头大？

平声和仄声

我们现在标注声调，是分第一声、第二声、第三声和第四声的，但我们古代人没有这样的划分，就像《三字经》里的这句话说的，他们是分成平声、上声、去声和入声。

不仅如此，我们中国古人还将四声分为两大类：平声和仄声。

看上去是不是有点晕？没关系，我们依旧拿刚才的例子说。

"汪"和"王"这两个字，一个第一声，一个第二声，前面一个叫"阴平"，后面一个叫"阳平"，都归为"平声"类。也就是说，我们汉语拼音的第一声和第二声，都属于平声。

而"往"，是第三声，就属于上声，"忘"是第四声，就是去声，这两个音全归为仄声。也就是说，我们汉语拼音的第三声和第四声都归为仄声。

所以总结一下很简单：第一声和第二声都属于平声，第三声和第四声都属于仄声。

应该还有人会问：前文不是说古人有"平上去入"，现在只说了平声、上声和去声，那入声去哪里了？

入声去哪里了？

说起来，这个入声有点意思，因为它在我们现在的普通话里已经基本消失了。

我们都知道，普通话是以北方方言为基础的，而在北方方言里，入声已经基本销声匿迹了，现在只能在一些南方的地方方言中找到，比如吴语，就是江浙一带人说的话。

我是上海人，我们就以属于吴语方言的上海话为例。上海话里阁楼的"阁"读音为短促的"go"，喝粥的"粥"读音为短促的"zo"。这里的go和zo，就是入声。

我读大学的时候，老师会要求我们把一些古诗标上四声，北方的同学在标入声的时候就会很痛苦，往往需要记住一些字，而南方的同学就很轻松，为什么？用自己家乡的语言读一遍，很多入声字就很清楚了。

因为我们是中国人，平时讲话非常自然流畅，所以并不会觉得汉语有什么奇怪之处，但其实汉语在世界上真的是一门非常独特且有魅力的语言，其中一个重要原因，就是有声调。

虽然越南以及非洲的一些语言也有声调，但像汉语这样使用范围如此之广、使用人口如此之多的语言，是绝无仅有的。

> **知识卡**
>
> 曰平上,曰去入,此四声,宜调叶。
>
> 我们的祖先把汉语的声调分为平、上、去、入四种,叫四声。四声的运用必须和谐,这样说话才能让人听起来舒畅。

常识篇·人间

32 到底什么是"株连九族"?

> 九族者,序宗亲:高曾祖,父而身,身而子,自子孙,至玄曾。
>
> 株连九族的罪名是怎么来的?
>
> 一个人的九族是哪九族?
>
> 历史上有哪些有名的被"夷三族""诛九族"的故事?

在讲古代故事的小说或者影视剧里,我们经常会看到这样的描写或画面:当一个人惹皇帝生气了,皇帝可能会威胁他说:"朕要诛你九族!"或者一个人会劝另一个人:"这事儿可做不得啊,做了可是要诛九族的啊!"

那你有没有想过:什么是九族?一个人的九族指的是哪九族?

"古文说"和"今文说"

在古代,"九族"有两种不同的说法。《三字经》里有这样一句话:"九族者,序宗亲:高曾祖,父而身,身而子,子而孙,自子孙,至玄曾。"这句话就代表了九族的第一种说法，叫作"古文说"。

这句话的意思是，一个人的九族要从他的高祖父算起，高祖父、曾祖父、祖父、父亲、你自己、你的儿子、你的孙子、你孙子的儿子（曾孙）以及孙子的孙子（玄孙）[1]。换句话说，往上算到爷爷的爷爷，往下算到孙子的孙子——向上四代以及向下四代的男性，加上自己这一代，就是古代的"九族"。

在古文说中，九族主要指的是男性宗族，算上自己这代，不多不少有九代人。因为中国古代的社会伦理主要是围绕男性家族成员来制定的，所以古代的很多儒家学者都支持这种说法。

但九族还有另一种说法，叫作"今文说"。

在今文说里，九族的范围比古文说扩大了不少，不仅包括一个人父亲的宗族，还包括这个人母亲的宗族，以及他妻子的宗族。换句话说，在今文说里，除了这个人的父母、兄弟属于他的九族，他姑姑全家、姐妹全家、女儿全家、岳父岳母全家、姥姥姥爷全家、姨母全家也都在九族的范围里。

这样一来，一个人的九族甚至可以达到几百个人。在唐朝以前，如果皇帝要诛一个人的九族，一般就是按照今文说这个说法，所以说，古代株连九族牵扯的范围非常广，很多无辜的人都要被拉来陪葬。

---

[1] 《三字经》原文可能是为了押韵，将曾孙与玄孙调换了顺序。

从"夷三族"到"诛九族"

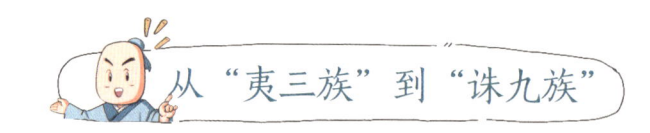

根据史料记载,早在夏商周时代,就已经有类似的罪名了。

夏朝的君王夏启在率领军队打仗之前,曾经在誓师大会上警告自己的战士,如果他们在打仗时不听从命令,他们以及他们的孩子都要被一起处死。在商朝的时候,这种刑罚叫作"族刑"。也就是说,如果一个人犯下了重罪,他的父母和老婆孩子都要跟着一起遭受惩罚,甚至要跟着他一起被处死。

在战国时代,秦国用法家的方法来统治国家,也就是用很严格的刑罚来管理自己的人民。在秦国的律法中,第一次出现了"夷三族"这个罪名。所谓"夷三族",或者说"株连三族",指一个人若犯了谋反之类的大逆不道的重罪,他三族之内的亲人都要跟着他一起被处死,这就是"株连九族"这个罪名在早些时候的"迷你"版本。后来到了汉朝,也保留了"夷三族"这种刑罚。

夷三族的三族指的是哪三族,有很多种说法,有人说三族指的是父亲的宗族、母亲的宗族和老婆的宗族,有人说三族的范围没那么大,只包括父母、兄弟和老婆孩子。但无论是哪一种说法,夷三族都算得上是一人犯罪,全家遭殃,是非常可怕的刑罚。

在历史上,有不少很有名的人都遭到了夷三族这样的惩罚。在秦国,当初在国内推广包括夷三族在内的一系列刑罚制度的人,是商鞅。商鞅通过开创这些法律制度来辅佐秦王,使秦国成了战国时代最强大的诸侯国。

但是,商鞅的法律对所有人都很严格,就连秦王的王子犯了罪,也被商鞅按照法律惩处了,所以商鞅的变法让老百姓和贵族都感到痛苦,很多人都非常记恨他。后来,秦国的王子和大臣一起攻击商鞅,说商鞅意图谋反,是乱臣贼子。结果,商鞅本想要逃跑,竟然被自己制定的法律困住了。后来,商鞅被杀死,他的全家也都被处死,作为夷三族这种刑罚的推行者,到头来,他自己也受到了全家被诛杀的惩罚。

在秦国统一六国建立秦朝之后,秦朝很有名的丞相李斯竟然也受到了夷三族的惩罚。在秦始皇去世之后，李斯通过一系列手段，拥立了秦王的儿子胡亥为皇帝。胡亥当上皇帝之后，每天都在饮酒作乐，看人唱歌跳舞，从来也不去治理国家。

李斯一开始很纵容这个皇帝，目的是想要保住自己的权力，后来发现这个胡亥当皇帝越来越不像话，再下去就要亡国了，所以也忍不住规劝了他几次，结果惹怒了胡亥。在一次劝说过程中，胡亥下令把李斯抓起来关进大牢。在大牢里的李斯申冤不成，还被其他人诬陷要谋反，没过多久，李斯和他的三族就以谋反罪被处死了。

后来，古代刑罚不断变化，在夷三族的基础上，又增加了"株连九族"。在历史上，第一个明确记载被株连九族的人，是隋朝的杨玄感。杨玄感这个人本来是朝廷重臣，结果他趁着皇帝外出打仗起兵谋反，想要自己当皇帝。在兵败之后，他害怕遭受酷刑，就让他的弟弟杀掉了自己。结果，隋朝的皇帝为了让其他大臣不敢再有谋反的想法，并没有因为杨玄感已经死了就放过他的家人，而是把杨玄感的九族都杀掉了。

残忍的夷十族

那么，诛九族是不是涉及面最广、最残忍的刑罚了？并不是。

明朝的时候发生了一件"诛十族"的事情。明朝有一个皇帝叫朱棣，他本来没资格继承皇位，但他起兵篡夺了侄子的皇位，这才当上了皇帝。

朱棣登基以后，想让当时最有名望的大臣方孝孺给他起草即位诏书，但方孝孺是一个非常有气节的人，他宁死也不愿意给朱棣起草这个诏书。朱棣看他死活不愿意，就威胁他说："你自己死也就算了，难道你就不顾及你的九族家人吗？"没想到方孝孺大声回答："就算是杀我十族，我也不听你的！"

方孝孺的这句话彻底激怒了朱棣，于是他直接下令，处死方孝孺的九族。这还不够，他为了消除方孝孺的影响力，还下令处死方孝孺的学生——所谓的诛十族里的第十族，指的就是门生。

根据历史学家统计，方孝孺一个人的十族就有好几百人，最后一共被处死了八百多个人。这么多人，光是杀掉他们就花了七天的时间，朱棣逼迫方孝孺亲眼看着自己的亲人和学生一个个被杀死，然后用马车把他活生生地拉扯致死。

当然，关于方孝孺被诛十族的事，史学界存在争议，各种史书的记载有所不同，但他被处死且牵连了很多人的事是基本确定的。

从方孝孺被诛十族的故事，我们更能看到古代这种连坐的刑罚是非常残忍的。即便犯罪的人十恶不赦，但那些和他并没有什么来往的人也要被杀,其实毫无道理。到了清朝末年,这种残酷的刑罚终于被废除了。那种一人犯罪,全家被砍头的荒唐刑罚,终于成了历史。

> **知识卡**
>
> 九族者,序宗亲:高曾祖,父而身,
> 身而子,子而孙,自子孙,至玄曾。
>
> 一个人的九族包括:他的高祖父;高祖父的儿子,即曾祖父;曾祖父的儿子,也就是祖父;祖父的儿子,也就是父亲;父亲的儿子,就是这个人自己;这个人的儿子;这个人的孙子;孙子的儿子,也就是曾孙;曾孙子的儿子,也就是玄孙。

33 谁说"妻子如衣服"?

五伦者,始夫妇,父子先,君臣后,次兄弟,及朋友。当顺叙,勿违负。

"五伦"指的是哪五种人伦关系?

为什么在《三字经》里,夫妻关系被放在"五伦"之首?

"兄弟如手足,妻子如衣服"这样的话为什么是错误的?

我们看书或看电视剧,有时候会看到一个词,叫"人伦"。这个词指的就是人与人之间的伦理和道德关系。

关于人伦,《三字经》里有这样的话:"五伦者,始夫妇,父子先,君臣后,次兄弟,及朋友。当顺叙,勿违负。"意思是,古代中国有五种基本的人伦关系,首先是夫妻关系,接着是父子关系,然后是君臣关系,其次是兄弟关系,最后是朋友关系。这五种人伦关系是有顺序的,人们不能够违背它们。而这五种关系,被称为"五伦"。

大儒学家孟子曾经对五伦关系做过系统的描述:"父子有亲,君臣有义,夫妇有别,长幼有序,朋友有信。"意思是说,爸爸和儿子之间要有紧密的亲情,君王和臣子之间要有礼节和仁义,丈夫和妻子之间要有家庭内外的分工和合作，兄弟老少之间要有地位和次序，朋友之间要有诚信。

不过，我们可以看到，在孟子的这个说法里，父子关系和君臣关系是排在夫妻关系前面的。这是因为在传统的封建思想里，女性的地位一直都很低，不然你想想：父子关系是人伦，难道母子关系就不是了吗？为什么排不进去呢？

《三国演义》里的典故

也正是因此，不知道你们有没有听过一句话："兄弟如手足，妻子如衣服"。这句话的意思是，兄弟就像手和脚那样重要，不能失去，但是老婆却像衣服一样，还可以换新的。

这句话出自大名鼎鼎的《三国演义》。当初刘备、关羽、张飞三人桃园结义，成了关系很好的兄弟。有一次，敌人在夜里突然袭击了三弟张飞所在的城池，张飞措手不及，虽然自己从城里逃出来了，但是来不及把大哥刘备的老婆救出来。张飞见到刘备之后，非常羞愧，甚至想要用自杀的方式来给刘备道歉。这时候，刘备急忙拦住了张飞，就对他说了这句话，"兄弟如手足，妻子如衣服"，就是劝张飞不要因为这件事自杀，"你可比我的老婆重要多了"。

而且在《三国演义》中，刘备说这话前面还有一句话，叫"古人云",意思就是这是一种长久以来公认的观点。

那么刘备说得对吗?当然不对!在古代,男尊女卑的思想很严重,也难怪刘备会说出这样一句话。

我们回到《三字经》里的那句话:"五伦者,始夫妇,父子先,君臣后,次兄弟,及朋友。"夫妇是在最前面的,朋友倒是放在最后面的。这并不是说我们可以倒过来说:"妻子如手足,朋友如衣服。"好朋友当然也是需要好好珍惜的,但从伦理上来说,在对等的条件下,一个人与妻子的关系肯定是要比与朋友亲近的,这绝对不是什么所谓的"重色轻友",而是符合正常人的伦理的。你如果不相信,可以问问你的爸爸,在他的心目中,是你的妈妈重要,还是他的朋友重要。

其实这件事从逻辑上来说,也是完全可以理解的。从社会关系上说,如果没有夫妻,哪儿来的孩子呢?没有孩子,又哪儿来的父子关系和兄弟关系呢?所以从这个角度上说,夫妻关系是我们人类的家族能够延续下去的前提,也是五伦中首要的一种关系。

男女平等最重要

其实在上古时代,夫妻之间的地位还是比较平等的。在中国第一部诗歌总集《诗经》里,有一首诗叫作《女曰鸡鸣》，这首诗生动地描绘出了周朝的夫妻关系。

在这首诗的第一句里，妻子对丈夫说："快起床了，公鸡已经在叫啦！"丈夫说："天还没亮呢，不信你出去看看，天是黑的，天上还有很多星星呢！"妻子对丈夫说："现在正是那些鸟儿飞出窝的时候，你快趁着现在打猎，打些野鸭和大雁回来，我们一起吃呀！你打到猎物之后，我就把它们做成美味的饭菜，然后我们一起喝着美酒、吃着好菜，就这样一直到老呀！吃饱了之后，你为我弹琴，我为你打节拍伴奏，我们一起来享受岁月静好的日子呀！"

通过这首《女曰鸡鸣》，我们仿佛可以看见古时候恩恩爱爱的夫妻之间相互帮助、相互扶持的美好生活。

古代还有一个成语叫作"举案齐眉"，说的是在东汉的时候，有一个读书人叫梁鸿，他娶了一个姓孟的女人。

梁鸿和孟氏结婚之后，一起跑到山里面隐居了。在汉朝的时候，女性的地位不高，很多女性是没有名字的。梁鸿看老婆孟氏也没有名字，为了对她表示尊重，就帮她取名，叫作"孟光"。平时，梁鸿和孟光一起做家务，一起劳动。到了吃饭的时候，孟光会把放有饭菜的餐盘举到自己眉毛的高度，慢慢递给梁鸿。梁鸿也会俯下身子，用双手恭敬地把饭菜接过来。后来，人们就用"举案齐眉"这个词来形容像梁鸿和孟光这样对对方很有礼貌的恩爱夫妻。

在古代，还有一些女性，不仅在家庭里是丈夫的好帮手，更是能够独当一面，和丈夫一起为国家贡献自己的力

量。在南宋的时候，有一个大将军叫韩世忠，他多次率军抵抗北面金国的进攻。他有一个妻子叫梁红玉①。梁红玉虽然出身比较低，但是性格非常刚强，是一个女中豪杰，她作为女性甚至能够出入战场，带兵打仗。在军队里，梁红玉还和丈夫韩世忠一起，亲自和将士们种地劳动，为军队的建设出一份力。

有一次，韩世忠率领着几千人的部队，前去抵挡多达数万人的金国军队。因为敌众我寡，韩世忠的老婆梁红玉就亲自到战场上敲响战鼓，鼓舞将士们英勇作战。皇帝和大臣们

---

① 在正史中，只记载韩世忠的妻子为梁氏，"红玉"这个名字是后来各种野史和话本为她取的。——编者注

看到世上竟有这样的女英雄，非常惊讶，将梁红玉封为"杨国夫人"（此前已被封为"护国夫人"）。最后，梁红玉也和丈夫韩世忠白头偕老。梁红玉去世之后，朝廷专门给她写了一篇追赠文章，追赠她为"邠（bīn）国夫人"。文章里感慨说：梁红玉和韩世忠这对夫妻相互扶持，不仅一起享受到了荣华富贵，更可贵的是，他们还相伴一生，白头到老了。

所以，像"妻子如衣服"这种话完全是可以被丢到历史垃圾堆里的糟粕，是不值得去听的。我们现在已经处于现代文明社会，男女平等、相互尊重是最基本的标准。从这个意义上说，《三字经》里把夫妻关系放在五伦的首位也是很有道理的，因为这其实是一个社会安定平和的重要前提。

知识卡

五伦者，始夫妇，父子先，君臣后，次兄弟，及朋友。当顺叙，勿违负。

古代中国有五种基本的人伦关系，首先是夫妻关系，接着是父子关系，然后是君臣关系，其次是兄弟关系，最后是朋友关系。这五种人伦关系是有顺序的，人们不能够违背。

34 什么是"五服"？

有伯叔，有舅甥，婚姻翁，三党名。斩齐衰，大小功，至缌麻，五服终。

"三党"指的是哪"三党"？

"五服"是如何区分亲戚的远近的？

过继和兼祧是什么意思？

逢年过节，我们都会和家族的亲戚一起聚餐。在中国，这种家族聚餐一般最少也有十个人，而在有些地方，会出现上百人规模的家族聚会。中国有一个俗语叫作"七大姑八大姨"，姑指的是父亲的姐妹，姨指的是母亲的姐妹，这个俗语说的就是我们每个人都有很多亲戚，多到连称呼都可能说不清楚了。有的亲戚跟我们关系比较近，有的亲戚跟我们关系稍微远一些。

我们最亲最爱的人，自然是我们的爸爸妈妈，作为已婚成年人，还会有爱人和孩子，我们一般管他们叫亲人，不叫他们亲戚。但我们确实有很多亲戚，而且，不是所有的亲戚都和我们有血缘关系。那么，在中国古代的家族传统中，哪些才能算是和我们关系比较近的亲戚呢？

什么是"三党"?

《三字经》里有这样一句话:"有伯叔,有舅甥,婿妇翁,三党名。"这句话展示了中国古代成年男子最重要的几类亲戚。

第一类亲戚是爸爸家族的,也就是父族,比如父亲的哥哥我们要叫伯伯,父亲的弟弟我们要叫叔叔;第二类亲戚是妈妈家族的,也就是母族,比如妈妈的哥哥、弟弟我们都要叫舅舅,他们管我们叫外甥;第三类亲戚指的是老婆家族的,也就是妻族,比如老婆的爸爸,叫作妇翁,也就是现在我们常说的岳父或者老丈人,而在岳父嘴里,自己女儿的丈夫叫作女婿。在古代,一个男子,除了自己的爸爸妈妈老婆孩子,爸爸家族的亲戚、妈妈家族的亲戚和老婆家族的亲戚是和他关系最近的三类亲戚,这三类合在一起叫作"三党"。

既然亲戚有远有近,古人是怎么对每个亲戚的远近进行区分的呢?一个最直白的办法,就是靠衣服来区分。当古人的某个亲戚去世的时候,按照礼节,他是应该参加这个亲戚的葬礼的。古人还要根据与这个亲戚关系的远近,决定自己在丧礼上穿什么样的衣服。

我们一般将丧礼上的衣服叫作孝服,《三字经》里有一句话,写的就是人们的五种孝服:"斩齐(zī)衰(cuī),大小功,至缌(sī)麻,五服终。"意思是说,斩衰、齐衰、大功、小功和缌麻是古人在参加亲戚丧礼的时候穿的五种孝服，这就是"五服"。

丁忧和夺情

这五种孝服里，最正式的是斩衰，这是一个人在最亲近的亲人的丧礼上穿的孝服。大家想，一个人如果悲痛到了极点，肯定是没有心情去挑选自己穿什么衣服的，也不会在衣服上装饰什么花纹。所以，斩衰这样的孝服上面没有任何修饰，一般以生麻布做成，衣缘、袖口都不缝边，比较粗糙。一个人的父亲去世了，他就要穿斩衰去参加丧礼，以表示尊重。

此外，在古代，如果一个人的父母或者爷爷奶奶去世了，他还要守孝，来表示哀悼。

所谓守孝，就是在某一段时间里，不能参加任何社交活动，不能干任何工作，更不能有任何娱乐活动，必须待在家里，专心供奉去世长辈的灵位。在古代，一般来说，如果父母去世了，那么他接下来的三年就要抛开一切事务，只能待在家里守孝。在朝廷为官的人也不能例外，必须辞去官职回家守孝，这种情况叫"丁忧"。

比如北宋时候著名的政治家王安石。在还没做官的时候，他为父亲守了三年孝。他在京城为官时，得罪了王公大臣，后来他母亲去世了，他立刻辞去了官职，护送母亲的棺材回到家乡，又守了三年孝。王安石的孝期还未结束，皇帝就好几次下诏书，想要让他重新回到京城当官，结果王安石都拒绝了，说自己还没有为母亲守完孝呢！你看，在古代，官员守孝连皇帝都不能干涉，可见孝道在古代是非常重要的。

如果某些重要的官员一丁忧就三年，还是有些耽误事的。不过皇帝如果想解除他的守孝立刻起用他，也不是不可以，这种情况就叫"夺情"，从字面上也可以理解：不是你不孝，是我强行把你从悲痛的守孝情绪中拉出来，请继续为我做事吧。

无论丁忧还是夺情，都看得出中国古代对孝道还是很看重的。放到我们现代社会，父母、爷爷奶奶、外公外婆去世当然还是一件令人非常悲痛的事，但已经没人规定你一定要守孝了，只需要把对死去亲人的哀悼和思念的情感默默地放在心里就好。

从衣服看亲情

前文说完斩衰，再来看齐衰。这种孝服的边缘部分会被修整得比较整齐，所以才叫作齐衰，它仅次于斩衰，也是一种非常正式的孝服。古人在爷爷奶奶或者爷爷奶奶的父母去世的时候，就要穿齐衰这种孝服了。一般来说，如果古人穿上了齐衰，他也是要守孝的，至少要守孝几个月，最长的也要守孝三年。

然后就是大功和小功。这两种孝服，无论是用料还是制作的工艺，都比斩衰和齐衰精细一点。如果古人穿着大功或者小功参加亲人的丧礼，证明他们哀悼的亲戚和他们的关系不是特别近，比如堂姑或者堂兄弟。而缌麻是最精致的孝服，也是古人在参加关系比较远的亲戚的丧礼时穿的衣服。一般来说，古人如果穿的孝服是大功、小功、缌麻这几种，就不用花时间守孝了。

别看五服这个词指的是五种不同的孝服，但它其实反映了我们的家人和亲戚根据关系的远近被分成的五个类别，实际上也为我们确定了一个范围，那就是只有需要我们穿这五种孝服的人，才能算是我们的亲戚。

所以直到今天，我们很多地方的农村都有这样一句俗话，"出了五服变路人"，指的就是我们那些关系很远的亲戚，随时可能会变成和我们没有任何关系的路人。我们可能有时会听到"出五服"，也是这个意思。

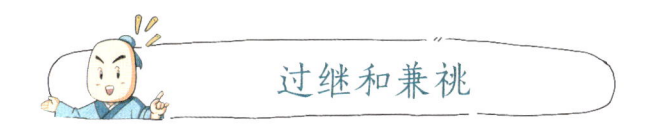

过继和兼祧

在古代，参加亲人的丧礼，为家人守孝，既是一种基本的礼节，也是一个人在家族里地位的象征。一般来说，那些能够穿着斩衰这种最重要的孝服的男人，都是这个家族里重要的男性继承人，换句话说，是要继承死去的亲人的遗产的。

这就出现了另一个问题：在那时候，如果一个人没有孩子怎么办？对于这种情况，有两种解决方法。第一种方法是"过继"。这个人可以在征得亲戚的同意之后，从亲戚的孩子中收养一个，把这个孩子当作自己的小孩来抚养。之后，这个小孩就脱离了亲生父母，成了养父母的继承人。别说普通老百姓，就连皇帝的宝座要继承时，也会有过继这种情况出现。中国历史上不少皇帝都是过继的，清朝的光绪皇帝载湉就是凭借过继的继承关系登基的。

除了过继，还有一种方法，叫作"兼祧（tiāo）"。所谓兼祧，就是一个孩子，既保留他在原来家庭的子女地位，又让他做另一个家庭的继承人。换句话说，一个孩子同时当两个家庭的继承人。中国历史上的最后一个皇帝叫作溥仪，他先是被过继给了同治皇帝，成了同治皇帝的继承人，又因为光绪皇帝没有儿子，且同治和光绪是同一辈的，所以他又成了光绪皇帝的继承人。就这样，还不到三岁的小宝宝溥仪同时成了同治皇帝和光绪皇帝的继承人，当上了皇帝。

在过去的几十年，中国大部分的家庭都只有一个孩子，所以我们现在很少再听说过继、兼祧这样的事情了。也许将来，越来越多的二胎、三胎家庭出现之后，我们会拥有更多的亲戚，也会拥有更多的家族故事。

知识卡

有伯叔，有舅甥，婿妇翁，三党名。
斩齐衰，大小功，至缌麻，五服终。

在古代，一个人爸爸家族的亲戚（父族）、妈妈家族的亲戚（母族）和老婆家族的亲戚（妻族），这三类合在一起叫作"三党"。斩衰、齐衰、大功、小功和缌麻，是古人在参加亲戚丧礼的时候穿的五种孝服，也就是"五服"。

元典篇

35 古人从小要学什么?

凡训蒙,须讲究。
详训诂,明句读。
礼乐射,御书数,
古六艺,今不具。

「六艺」具体指哪些内容?
古人从小要学的训诂和句读为什么这么重要?

中国作为文明古国,自古以来就非常重视教育。那你们有没有想过,我们的古人,从小都要学些什么呢?

《三字经》里有这样一句话:"礼乐射,御书数,古六艺,今不具。"意思是,礼仪、音乐、射箭、驾车、读书写字和算术,是周朝的贵族要学习的六种技艺,也就是"六艺",但是这六种技艺,在《三字经》成书的宋代,读书人已经不用每样都去学习了。

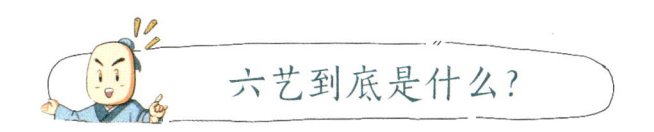

六艺到底是什么?

第一个是"礼",即礼仪。

在周朝的时候,因为周天子通过礼仪来规范人们的行为、治理国家，所以，礼仪是贵族首先要学习的内容。前文已经讲过学习礼仪为什么这么重要。孔子说过："不学礼，无以立。"意思是，不学礼，你就不知道如何在社会上立足。

在周朝，礼仪主要分为五种，分别是吉礼、凶礼、军礼、宾礼和嘉礼。吉礼指的是对天地和鬼神的祭祀典礼，是所有礼仪中最重要的；凶礼指的是参加丧礼、哀悼死者的礼仪；军礼，指的是军队打仗时候的礼仪；宾礼指的是诸侯朝见天子的礼节，以及接待客人和使者时的礼仪；嘉礼指的是和人联络感情以及结婚时的礼仪。周朝时期的贵族，难免要结婚和打仗，每年也都要参与祭祀、会见宾客、出席葬礼，所以，他们首先要学好的就是礼仪。

第二个是乐，即音乐。

在周朝，礼仪和音乐是相互配套的，音乐其实是礼仪的一部分。在不同的场合，人们会根据不同的礼仪演奏不同的音乐，所以，人们在学习礼仪的时候，也要学习音乐。学习音乐又有几种具体的内容。

首先，你至少要学会基本的音乐理论知识，能够分辨出各种各样的乐器，学会欣赏音乐的美妙。其次，周朝的贵族和读书人很多都会演奏音乐。就拿孔子来说，他曾经专门跑去周朝的都城洛邑，拜访国宝级音乐家苌弘，去询问音乐理论知识。孔子还找到鲁国的乐官师襄，学习怎么弹琴。当然，有音乐，自然就有舞蹈。周朝的贵族还需要学会几种高雅的典礼舞蹈，这样才算是真正掌握了音乐这门技艺。

第三个是射，即射箭。

在周朝，贵族有带兵打仗和保家卫国的责任和义务，所以射箭是必须掌握的技能。当然，射箭并非只有打仗这一种用途。孔子就曾经说："君子无所争，必也射乎。揖让而升，下而饮，其争也君子。"意思是说，在真正的君子眼里，没有什么是值得去争强的，如果实在要让孔子说一个君子也会去争强的东西，那就是射箭了。不过，孔子认为君子在射箭的时候，上场之前要先作揖行礼，射完箭下场之后，也要和对手一起举起酒杯，交流射箭的心得，所以说，就算为了射箭而争强好胜，也依然要符合君子的气度。我们可以看到，当时射箭除了打仗的时候需要用，它首先是一项能够强身健体的君子运动。贵族子弟一起比赛射箭，其实也是一种社交活动，能够增强人与人之间的友谊。而且，古人还会时不时出去打猎，这也需要他们拥有高超的射箭技术。

第四个是御，即驾车。

御在这里指的是驾驶战车的技术，也和打仗有关。根据

史学家的考证，在周朝，很长一段时间内，只有贵族才有驾驶战车打仗的资格。

同样，在周朝，"御"也不只是在打仗时需要。在当时，虽然很多贵族都有专业的马车夫，但是他们自己也要学会驾车，这样才能更方便地出远门。不是拿着马鞭坐在车上就能驾车了，因为马其实是一种有脾气的动物，所以驾车还需要动脑子，知道如何驯服拉车的马匹，让它们安安心心地拉车，还要让所有的马都能按照你的想法，往同一个方向跑。此外，当时的贵族还喜欢飙马车，比谁驾驶的马车更快，对他们来说，驾车这件事还是一项刺激的户外运动。

第五个是书，即读书写字。第六个是数，即算术。

虽然在周朝时，我们平时书写用的纸张还没有发明出来，但当时人们已经开始用简易的毛笔在竹条编成的竹简上面写字了。周朝时，会写字的人其实非常少，几乎只有贵族才拥有读书写字的条件，所以，读书和写字也就成了难得一见的技术了。除了写字，周朝的贵族还要学习算术知识。前文说过，在当时，数学是一个非常宽泛的概念，世界运行的规律、变化的道理，还有天文历法之类的知识，都属于数学知识。

六艺为什么消失了？

在周朝的时候，六艺是只有贵族才有资格学的，平民老百姓只需要种田,不需要也没资格去学六艺。到了春秋晚期,由于连年征战,有些国家的贵族没落了,流落到民间,才把原先只有贵族才能学的六艺带到了民间,让更多的普通人也有了受教育的机会。孔子就是其中的一个没落贵族,也是教书育人最有名的一个人。

随着时代的发展,国家开始征集专业的战士去打仗,慢慢地,朝廷的贵族和官员就被分出了文臣和武将两种不同的官职,用来选拔官员的科举考试也分出了主要考察文化知识的文举和主要考察武功的武举。文臣只要知识渊博、脑子好使就行了,武将只要武功高强、熟练地掌握兵法知识就行了。在周朝之后,大部分读书人主要去钻研礼仪、音乐和文化知识,不太会去学习射箭和驾车,也很少能够掌握数学知识了。所以,《三字经》里才说:"古六艺,今不具。"

再后来,古代的孩子连礼仪和音乐都不用学了,去学校里主要学习的就是读书写字。

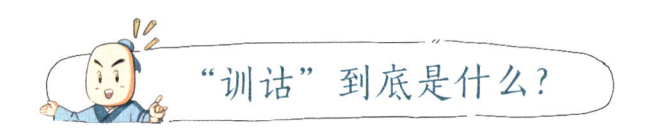

"训诂"到底是什么?

《三字经》里这样描述古代孩子的启蒙教育:"凡训蒙,须讲究。详训诂,明句读(dòu)。"意思是说,但凡给小孩子开展启蒙教育,必须要把每个字、每个小知识点都讲得清清楚楚才行。所以必须详细地教授训诂学,也就是要解释书本里的字和词语,还要让孩子们学会句读,也就是在阅读的时候正确地断句。

按照古代语言学家的解释,训诂的"训",指的是说教和解释,"诂"主要指的是古代字词的意思。"训诂"两个字连在一起,指的就是用清晰易懂的话来解释古代典籍里的字、词和句子。因为孩子并不熟悉古代字、词的含义,所以老师必须把课本上的每个字和词都解释清楚,这样才能帮助孩子去理解那些经典文章包含的知识和道理。

不过,有很多老师并不会给孩子详细地解释这些字和词,只是逼着孩子去背诵那些古文经典,这样的学习,效果非常差,就算孩子都背会了,也没有学到知识。我们中国的大文豪鲁迅先生在小时候接受过一段时间的私塾教育。鲁迅后来回忆说,他当年的老师,包括他的爸爸,会逼迫他死记硬背一些古文,可是在非常痛苦地背完这些文章之后,他根本就不知道背的是什么意思,很快就把背的东西给忘记了。

至于句读的意思,其实很简单,就是断句。

很多人会疑惑,我们不是有标点符号吗,为什么还需要专门学习怎么断句呢?其实我们现在使用的标点符号,也才有100多年的历史。而且有很多古老的书一开始是写在竹简上的,没有留下来标点符号,也没有分段和换行。大部分有标点符号的古书,标点符号也都非常简略,一般就是一个点,或者两条斜杠,连问号都没有。所以,古代的孩子想要读书,先要学习怎么断句,这样才能知道每句话的语气和表达的意思。

看到这里，你觉得是古人小时候需要学的东西多，还是你现在要学的东西多？要我说，这很难有一个统一评判标准。可能有人会说，我们现在要学英语、数学、科学、历史、地理，古时候哪要学那么多？但你要想，古时候他们光要学的语文就比现在的深得多，内容也多得多，对不对？

所以不管怎样，好好学就对了！

凡训蒙，须讲究。详训诂，明句读。

但凡我们给小孩子开展启蒙教育，必须把每个字、每个小知识点都讲得清清楚楚。因此，我们必须详细地教授训诂学（也就是要给孩子解释书本里的字和词），还要让孩子们学会句读（也就是让他们学会正确地断句）。

礼乐射，御书数，古六艺，今不具。

礼仪、音乐、射箭、驾车、读书写字和算术，是周朝的贵族要学习的六种技艺，这就是"六艺"，但是这六种技艺，宋朝时候的读书人已经不需要全部具备了。

36 如何理解"汉字的美"?

> 惟书学,人共遵。
> 既识字,讲说文。
> 有古文,大小篆,
> 隶草继,不可乱。
>
> "六书"指的是什么?
> 中国古代有哪些文字书写形式?
> 只有汉字有书法吗?

上一篇我们介绍了周朝时候贵族要学习的六艺,也就是礼、乐、射、御、书、数。《三字经》的作者王应麟多少有些遗憾地表示,在他那时候几乎没有能够全部掌握这些技艺的人了,所以"古六艺,今不具"。

但是,在六艺中,有一项技艺,是几千年来中国人一直要去学习和掌握的。《三字经》这样写道:"惟书学,人共遵。既识字,讲说文。"意思是说,在六艺里面,只有"书",也就是读书写字这项一直被人们推崇。古人在识字以后,就可以开始学习《说文解字》这本关于汉语文字的书了。

《说文解字》是东汉的大学者、中国古代著名的文字学家许慎编著的一本语文工具书,这本书不仅是一本字典,还记载了很多语言学的知识。比如你们是否想过:汉字是怎么构成的？汉字为什么是方块样的结构形态？

按照《说文解字》的观点，中国人主要用了六种方法来创造汉字，分别是象形、指事、会意、形声、转注和假借，这六种造字的方法被叫作"六书"。许慎在《说文解字》的序言里系统地解释了六书的具体含义。

从"象形"到"会意"

先来看看象形。

象形是汉字最初的造字方法之一，由象形法造出来的字也可以说是"画出来"的，是根据物体形象描画而来。比如我们刚开始认字时学的"日""月""山""水""田"，这几个字就是象形字的代表。

但是象形造字法会碰到一个巨大的问题：它可以表达一个具体的事物，比如一头大象、一条鱼，却无法表达一个抽象的概念，比如"上""下"，世界上没有一个具体的东西叫"上"或"下"啊！于是，人们就采用了第二种方法，"指事"，也就是用某种符号来表达一个意思。比如说，要表达"上"的意思，就画条横线，在横线上面画一个点，表示在上面；要表达"下"，就在横线下面画一个点。

但指事造字法在表达抽象概念的时候，还是不够用，于是，人们采用了另一种汉字构成方法，"会意"：用两个或

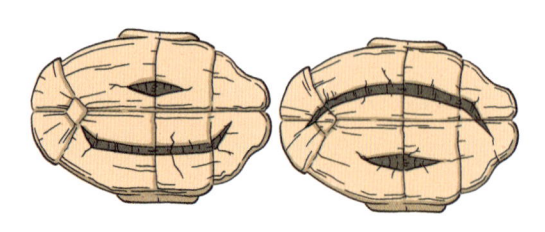

两个以上的独体汉字，根据其含义组合成一个新汉字。比如"明"这个字，就是"日"和"月"的组合，"日月结合"，当然就明亮了，"小"和"土"合在一起，就是"小的土"，那自然就是"尘"了。

通过象形、指事、会意这三种方法，我们的先人创造了大量的文字，但世间万物林林总总，事情也五花八门，仅靠这些方法造的字是远远不够的。

比如说我们看到的树，如果用象形方法只能表述为"木"，但树又分松、柏、桦等各种，总不能都用"木"来表示吧？于是，我们的祖先采用了终极造字大法——形声法。

"形声"的重要作用

形声法，就是用一个形旁和一个声旁共同构成一个字，形旁表示大致的意思，声旁表示它在语言中的读音。比如白桦树的"桦"，因为是树木的一种，所以用了"木"字旁作为形旁，因为当时的语言中，人们把它读为"huà"，所以用"华"代表声音作为声旁。

我们汉字中有大量形声字,比如江、河、湖、海、花、草、葡、萄等等。也正因为有形声这种造字方法,古代很多事物才被记录了下来。

至于转注和假借这两种造字方法,相对比较复杂。简单来说,用转注的方法造的字一般部首是一样的,而且能够相互解释。比如"考"字和"老"字,这两个字看起来非常像,而且在古代,都能表示"年纪大"的意思。假借指的是这个字的概念很难用象形和会意的方法描绘出来,所以只能借一个读音差不多的字来表示这个字的意思。比如"北方"的"北"这个字,其实你看它的形状就能发现,它最开始是两个人背对背的意思。但后来,人们就把这个字借来,用作北方、北边的意思了。

在知道了六书的意思后,你们有没有发现汉字的构造是非常巧妙的?没错,每一个汉字,都是我们的老祖宗用智慧创造出来的,汉字的字形和意思,几乎都是有关系的。和英语不同,汉字是世界上为数不多能流传这么多年的表意文字。也正因为汉字的意思与其结构形状有着紧密的关系,所以,汉字也是世界上为数不多拥有独特书法艺术的文字。

汉字书法的魅力

《三字经》里有这样一句话:"有古文,大小篆,隶草继,不可乱。"意思是，汉字在经过形态比较原始的古文阶段之后，又发展出了大篆、小篆、隶书、草书等书写形式，我们不能把汉字的这些书写形式给搞混了。

当然，除了篆书、隶书和草书，我们的汉字还有楷书和行书等重要的书写形式。

篆书体包含大篆和小篆，主要出现在周朝到秦朝这段时间。在西周的时候，人们已经开始使用大篆这种书体了。到了春秋战国时期，因为天下分成了很多诸侯国，所以不同地方的文字是不太一样的。在秦国统一六国之后，秦始皇推行"书同文"，将天下的文字和书写形式进行了统一，于是，小篆出现了。

篆书的一个重要特点就是，一个个汉字不再像是一幅幅小图画了，汉字的笔画变得简练又紧凑，慢慢变成了我们今天所说的方块字。

但是，篆书的笔画非常多，字形也不够方正，既不方便书写，又不方便阅读。到了西汉时，隶书取代小篆成了当时主要使用的字体。一般来说，隶书的字体更加方正，但是书写起来，横比较长，竖比较短，整体看上去有点扁扁的。除了写在竹简上，隶书还刻在印章或者石碑上。书写隶书，要规规矩矩，严谨工整，速度也是比较慢的。后来，有些古人在写隶书的时候加快了速度，把笔画连在了一起，于是，草书就形成了。

汉朝出现了很多大书法家，也出现了专门的书法理论著作。汉代书法家可分为两类：一类是写隶书的书法家，比如蔡文姬的爸爸蔡邕（yōng）。一类是写草书的书法家，比如崔瑗（yuàn）和杜度。我们中国有一句俗语，叫作"比上不足，比下有余"，其实最早说的就是汉朝书法家的故事。

根据记载，在东汉时，有一个书法家觉得自己的书法已经非常厉害了，所以就跟朋友说，他的书法"上比崔杜不足，下比罗赵有余"，意思是，自己只比崔瑗和杜度这种书法界老前辈差一点，比那些和自己同时代的书法家如罗晖、赵袭要厉害多了。后来，"比上不足，比下有余"这个成语，就被用来形容这种满足现状不愿意继续努力的人。

从汉朝到魏晋这段时间是中国书法艺术的快速发展时期。

在东汉末年，楷书出现了。

楷书比隶书还要简化一点，而且楷书也不像隶书那么扁，是横平竖直的，每个字都基本是方块字，看起来非常清楚方正，所以楷书又叫作"正楷"。因为楷书很好辨认，也很工整，所以之后的大部分朝代，官员都要用楷书来书写公文。直到今天，我们在考试的时候，依然要求用楷体字在卷子上作答。

相传在东汉末年，人们在隶书和楷书的基础上，又创造了行书。行书的"行"是"行走"的意思，所以行书的用笔速度虽比草书要慢一点，但是比楷书要快一点。比较潦草的行书又被叫作行草，比较工整的行书则被称为行楷。中国最著名的书法作品之一《兰亭集序》，就是一篇行书作品，它被誉为"天下第一行书"。而《兰亭集序》的作者、东晋时代著名书法家王羲之，因为书法写得太好了，被人们尊称为"书圣"。

现在已经进入了电脑和互联网时代，我们提笔写字的机会已经远不像以前那样多了，但如果你能写出一手好字，在很多方面还是会有加分的，所以，不妨好好练练你的字吧。

惟书学，人共遵。既识字，讲说文。

在六艺里面，只有"书"，也就是读书写字一直被人们推崇。古人在识字以后，就可以开始学习《说文解字》这本关于汉语文字的书了。

有古文，大小篆，隶草继，不可乱。

汉字在经过形态比较原始的古文阶段之后，又发展出了大篆、小篆、隶书、草书等书写形式，我们不能把汉字的这些书写形式和出现顺序给搞乱了。

比上不足，比下有余。

出自东汉学者赵岐的《三辅决录》，原文为："上比崔杜不足，下比罗赵有余。"原来的意思是，自己的书法只比崔瑗和杜度这种老前辈的差一点，比那些和自己同时代的书法家如罗晖、赵袭的厉害多了。后来，"比上不足，比下有余"多被用来形容处于中等地位、中间状态。

元典篇

37 古代的『小学』到底是什么？

- 若广学，惧其繁，但略说，能知原。
- 小学终，至四书。
- 为学者，必有初。
- 古代的"小学"有哪些内容？
- "小学"的概念是怎么产生的？
- "小学"和"大学"有什么不一样？
- "四书"的概念是怎么产生的？
- "四书"在古代为什么这么重要？

在《三字经》里，有这样一句话："若广学，惧其繁，但略说，能知原。"意思是，如果你想要面面俱到学习所有的知识，这真的很复杂，非常不容易。但你可以对各种知识进行比较简略的了解，这样也能学到很多基本的道理。

其实，中国古代的很多学者和思想家，也不是无所不知、无所不晓的，他们为了追求知识，也会比较粗略地去读书学习。比如，东晋时代有个大文学家叫陶渊明。陶渊明这个人非常好学，读了很多书。但他是这样评价自己的学习态度的，"好读书，不求甚解"，意思是说，我很喜欢读书，但只求读懂基本的意思就好了，不会特别去抠字眼，或者在某个特别细小的知识点上纠结太久。

但陶渊明其实不是在逃避，他这么做，更多是为了加快阅读速度，这样才能读更多的书，学更多的知识。而且，陶渊明的做法有一个前提，那就是他已经有了很好的知识基础，能够非常轻松地读懂每个字的意思了。

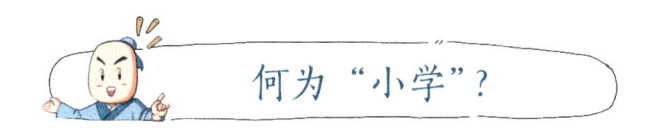

何为"小学"？

《三字经》里有这样的话："为学者，必有初。小学终，至四书。"意思是，我们要成为一个有学问的人，肯定不可能一口吃成个胖子，要慢慢来，从头开始学习。我们只有把"小学"的知识给吃透了，才可以去读"四书"这样的内容。从这两句话我们可以看出，古代人的教育也是分阶段的，每个阶段要学习的内容不同。

前文我们已经讲过了训诂和句读的意思，训诂也好，句读也好，都是为了帮助我们去流畅地阅读那些经典的古代文学作品。在古代，训诂和句读这样的学问都是"小学"的一部分。

说到小学，很多人可能会说，我们现在不是也有小学吗？没错，我们现在确实有小学、初中、高中、大学，它们代表了不同的教育阶段。但是，在古代，小学和大学的意思，和现在不一样。

简单来说，古人说的小学，指的是中国传统的语言文字学，它是一门围绕着我们中国的汉字而出现的学问。古人学习汉字，内容主要分三个部分：

第一部分是汉字的形态，叫"文字学"，主要研究汉字是怎么变成这种形态的，比如我们讲过的六书，象形、会意、指事等等，就包含了大量关于汉字字形的知识。

第二部分是汉字的读音，叫"音韵学"。汉字的读音有一个非常漫长的变化过程，最终变成了今天的样子。比如在上古时代，汉字的读音和现在的有很大不同，甚至有的字会像俄语那样有大舌音。从这个角度说，很多穿越题材的古装电视剧情节是不合理的，比如主人公穿越到了秦朝，结果他直接就能和秦朝人对话了，这其实是不可能的！我们现代人根本听不懂秦朝人说话，他们也听不懂我们说话，因为我们对于同一个字的发音根本不一样。类似的，我们如果穿越回周朝了，会发现那时候的人所说、唱的《诗经》，我们压根就听不懂。所以说，音韵学不只是让学生们学习每个汉字是怎么读的，还要让大家弄明白，这个字为什么这么读，甚至要搞清楚这个字过去是怎么读的。

第三部分就是汉字的意思，前文已经讲过，研究字义的学问叫作训诂学。文字学、音韵学和训诂学加在一起，能让古代的学生学会汉字的字形、字音和字义，也就构成了小学的主要内容。

小学是怎么产生的？

按照史料的记载，在周朝的时候，贵族到了一定的年龄，一般是七八岁，就可以去小学读书了。在这里，小学被一些学者解释为"小者所学之宫也"，也就是"孩子们上学的地方"。不过在汉代以后，小学就不仅指学生最初的学习阶段了，还指小孩子要学习的学问。

虽然小学的学问最主要是给孩子们学习的，但是古代不少很有学问的大学者，一辈子都在钻研小学，比如前文说过的《说文解字》的作者许慎，他就是研究小学的大师。就连大书法家"书圣"王羲之，也曾经写过一篇叫作《小学章》的文章，来探讨关于字形的知识。在清朝乾隆、嘉庆年间，更是出现了一大批学者，他们对包括训诂学在内的学问进行了非常深入的研究。到了民国时期，依然有很多学者去研究小学，说起来，重订《三字经》的民国大学者章太炎，就是非常有名的小学大师，就连当时的大文豪鲁迅先生都曾经跟着章太炎学了几年小学的知识。

古代既然有小学，相对应的，也就有"大学"。

对古人来说，小学和大学，是两个不同的学习阶段。它们的不同主要体现在两方面，一方面是学生的年龄不同，另一方面是学生要学习的知识不同。

根据史料的记载，周朝时，贵族们在七八岁的时候会开始去小学，学一些小技艺。而到了束发的年龄，也就是十五岁左右的时候，贵族们就要去大学，学习那些更大的技艺。当然，对于什么是小的技艺，什么是大的技艺，不同的学者有不同的看法。有的学者认为，读书写字就是小技艺，是小学阶段要学的；而驾车打仗就是大技艺，是大学阶段学的。

不过宋朝有一个叫朱熹的大学者，他对于儒家学说有一套自己的理解。按照朱熹的说法，读书写字、驾车打仗，也就是六艺，还有打扫卫生之类的生活技能，全部是古人在小学阶段应该学习的内容。而到了大学阶段，学生就要开始学习如何参与社会管理，如何去治理国家、参与政治这样的大学问了。

"四书"是怎么来的？

朱熹在研究儒学的时候，干了一件非常重要的事情，那就是从儒家经典《礼记》这本书里拿出来了两个章节：一个章节是《大学》，另一个章节是《中庸》。朱熹对这两个章节做了大量的研究工作，还加上了大量的批注。接着，他把《大学》和《中庸》两篇，以及《论语》和《孟子》这两本书编在了一起，撰写了《四书章句集注》，并把这四部儒家经典称作"四书"。我们常说的"四书五经"里的"四书"这个概念，就是从这时正式出现的。

朱熹一生都在研究"四书",而且研究得非常刻苦,甚至可以说是拼命。据说,朱熹在去世前几天,还在修改对《大学》这篇文章的注释。对于"四书"的学习顺序,朱熹也有明确的建议。他说,最开始要读的是《大学》,这样就能大概确定一个人的思想格局了;然后去读《论语》,这本书刚开始读还是比较难的,不过读通了,就能立住一个人思想的根本了;接着读《孟子》,看看这个人的思维能发散多远;最后读《中庸》,在朱熹眼里,《中庸》是最难读的。

朱熹作的《四书章句集注》后来成了儒学最重要的著作之一。在元朝恢复科举考试之后,《四书章句集注》被指定为科举考试的考试用书,换句话说,你只有把"四书"学明白了,才有机会通过科举考试,获得当官的机会,所以"四书"的地位变得越来越高。"四书"的思想,以及朱熹对于"四书"的解读,从那个时候开始,成了每个读书人都要学习的知识。

若广学,惧其繁,但略说,能知原。

如果你想要面面俱到地学习所有的知识,那真的很复杂,非常不容易。但我们可以先对各种知识进行比较简略的了解,这样也能学到很多基本的道理。

为学者,必有初。小学终,至四书。

我们要成为一个有学问的人,就要从头开始去学习。我们只有把"小学"的知识给吃透了,才可以去读"四书"这样的内容。

38 孔子和《论语》

本篇我们来聊聊《三字经》里的这句话:"论语者,二十篇,群弟子,记善言。"这句话的意思是:《论语》这本书共有二十篇,是孔子的弟子以及弟子的弟子记录孔子及其弟子言论的一部书。

这句话其实有两个关键的知识点,一个是孔子,一个是《论语》。说起孔子和《论语》,我估计很多人都不会太陌生,但你们是否真的了解他和这本书呢?

孔子是个怎样的人?

孔子出生在公元前551年,也就是距今2500多年前——

他真的是一位离我们很遥远的古人了啊，但同时也证明，我们国家的历史真的是很长很长！

那个时候，中国处在一个叫"春秋"的时代。我们常说"春秋战国"，但其实那是先后两个时代，一个叫"春秋时代"，一个叫"战国时代"。战国时代之后，就是我们都知道的，秦始皇他老人家建立了秦朝，统一天下。

孔子生活的那个时代，已经是春秋的末期了，他是鲁国人。鲁国这个地方，在现在山东的西南部，所以孔子是个山东人。

在远古时代，姓和氏是两回事，所以从严格意义上说，孔子应该是姓"子"，氏"孔"。他的名是丘，字仲尼，因此名字应该是"孔丘"，那为什么我们要叫他"孔子"呢？因为"子"其实是一种尊称，就是"先生"的意思，"孔子"就是"孔先生"的意思。《论语》里总是"子曰""子曰"，"曰"就是说话的意思，"子曰"，其实就是"先生说"的意思。以前有一部情景喜剧叫《武林外传》，里面那个吕秀才一天到晚说"子曾经曰过"，其实就是指《论语》中的内容。

孔子是中国古代著名的思想家和教育家，他开创了私人讲学的风气，也就是老师自己教学生。中国的各行各业，大多都会奉一个古人作为自己行业的祖师爷。比如木匠行业奉的祖师爷是鲁班，农业的祖师爷是神农氏，织布业的祖师爷是黄道婆，而教师这个行业，祖师爷就是孔子他老人家。

在不少人的印象中，孔子可能就是一个头发花白，满口

"之乎者也"的老学究。但其实他是一个文武双全的彪形大汉。关于孔子的身高有各种说法,但一般认为,应该在一米九左右——这个身高别说在古代,放到现代也是很高的了。

前文说过礼、乐、射、御、书、数"六艺",从音乐到射箭,到驾车,到礼仪,孔子他一个人全能教,说他文武双全,一点儿都不夸张吧?

孔子是中国儒家学说的第一代表,被称为"至圣先师"。他的思想和观点能流传2000多年,其中很重要的原因就是有《论语》这部书存在。

《论语》是部怎样的书?

《论语》中的"论",读第二声而不是第四声,意思是收集、汇编;而"语"指说话或者言谈。

所以,"论语"两个字合在一起,意思就是把说的话记录下来,收集起来,汇编成一本书。书中主要是孔子的话,当然,也有孔子弟子的话,还包括一些他们这个生活圈子里的其他人所说的话。所以《论语》是一群人的话的记录,不过主要是孔子他老人家的——孔子是《论语》里毫无疑问的男一号。

《论语》这部书,是孔子的弟子以及弟子的弟子合作编写完成的。在这本书里,有些是孔门弟子当场记录下来的——"哎呀,老师说的好有道理啊!说慢一点,让我记一下笔记"；也有些，可能是大家在一起回忆、讨论老师上课讲的一些话，然后编写进去的——"我昨天吃饭的时候想来想去，觉得孔老师这句话说得好有道理啊！必须编进去"。

所以，《论语》的作者并不是孔子，而是他的那些弟子和弟子的弟子。简单直接地说，《论语》其实是一本语录段子合集，里面有孔子自己说的话，也有他弟子对老师说的话。

《论语》是不是一本很厚的书呢？

说实话，一点儿都不厚。《论语》这本书前前后后加在一起，一共只有16000字左右，放到我们现在《人民日报》版面上，两个整版就可以全装下了。所以，如果《论语》出成书，不加任何注释或标记，其实是非常薄的。

但是，千万别小看这本只有16000字左右的《论语》，它是中国儒家的一部经典著作，到现在，不仅仍在方方面面影响着我们，也在东亚的韩国、日本形成了一个"东亚儒家

文化圈"，甚至在全世界的华人范围内，都依旧在产生巨大的影响力。

《论语》的影响体现在哪里？随便举个例子，"温故知新"，"侃侃而谈"，"适可而止"，"见义勇为"，"不耻下问"，"任重道远"，"欲速则不达"，"四海之内皆兄弟"，"不在其位，不谋其政"，"工欲善其事，必先利其器"，"道不同不相为谋"，"后生可畏"，"君子成人之美"，"是可忍孰不可忍"，"生死有命，富贵在天"，这些成语你们是不是很熟悉？它们都出自《论语》。这就像有句话说的，"日用而不知"，就是说我们天天在使用，却不知道它出自哪里。

我们都知道，中华文明是一个延续至今，中间没有中断过的伟大文明。这从《论语》这本书就可以看出。你们可以闭上眼想一下：2500多年前，有一个叫孔子的中国人的言行汇成了一本叫《论语》的书，而在2500多年后，所有的中国人都能看到这一本书，遵循同一个道理，传承同一种文化。在漫漫的历史长河中，朝代不断更迭，我们的国土也曾被侵犯，但我们的中华文明始终保持着延续性和独立性，正是因为有《论语》这样的一批文化元典，我们中华儿女的精神和文化才一代代地传承了下去。

这是《论语》了不起的地方，同样是我们中华文明了不起的地方。如果有机会，你们一定要好好读一下《论语》，如果有兴趣，也可以去读一下我的另一本书《写给孩子的论语课》。

论语者，二十篇，群弟子，记善言。

《论语》这本书共有二十篇，是孔子的弟子以及弟子的弟子记载的有关孔子和他弟子言论的一部书。

39 孟子和《孟子》

> 孟子者,七篇是,辨王霸,说仁义。
> 《孟子》这本书是怎样分辨王道和霸道的?
> 孟子是一个怎样的人?
> 孟子为什么得不到国君的重用?

上一篇我们说了孔子,这一篇我们来说说孟子。

孟子在儒家学派中的地位仅次于孔子,孔子被称为"圣人",而孟子被尊称为"亚圣"。孟子和他的弟子也留下了一本儒家经典著作,就叫作《孟子》,也是"四书"之一。这本书里记录了孟子的很多故事和思想。

《三字经》里有这样一句话:"孟子者,七篇是,辨王霸,说仁义。"意思是说,《孟子》这本书,内容一共有七篇,孟子在这本书里说明了王道和霸道的区别,宣传了仁义的道德观念。

孔子的"铁杆粉丝"

孟子的全名叫作孟轲,和孔子一样,他也出生在今天的山东地区。孟子的祖先是鲁国的一个贵族,但是到了孟子的父亲这一辈,他们家已经从鲁国搬到了邹国,变成平民百姓了。有记载说,孟子的爸爸去世得比较早,孟子从小是跟着妈妈接受教育的——我们在前文也讲过"孟母三迁"的故事。

根据记载,孟子是跟着孔子后代的学生学习文化知识的。所以,孟子也算是孔子的徒孙。孟子有一个有名的学生,叫作公孙丑。公孙丑也是《孟子》这本书的重要作者之一,所以,在《孟子》这本书的七篇里,有一篇就叫《公孙丑》,主人公就是孟子和公孙丑。在这一篇中,两人聊了很多知识,其中就包括孔子及其弟子的思想和学说。孟子十分感慨地评价孔子:"出于其类,拔乎其萃,自生民以来,未有盛于孔子也。"意思是说,圣人的才能和德行能够超越他们的同类,自有人类以来,应该没有比孔子更伟大的人了吧!

这句话后来演化出了一个成语,叫"出类拔萃",指的就是那些能力和品行能够超越同类的人。毫无疑问,在孟子眼里,孔子就是这样出类拔萃的偶像,孟子也算是孔子的忠实"迷弟"。所以,孟子认真地学习了孔子的学问,并且结合自己的思考,解释和发展孔子的理论,努力将儒家思想发扬光大。

和自己的偶像孔子一样，孟子在有了名气和学生之后，也开始怀揣着理想和抱负，带着弟子们周游列国了。

他先后去了齐国、宋国、滕国、魏国、鲁国等诸侯国，和这些国家的国君交流怎么去治理国家，借此传播自己的理念。不过，孟子也遇到了和孔子差不多的情况，就是绝大部分的国君都没有接受他的政治主张，也没有重用他。最后，孟子在年老的时候，也像孔子那样，回到家乡，和学生们一起研究学问，然后编写了《孟子》这本书。

《孟子》这本书又是怎样的一本书呢？

《三字经》里说，《孟子》一共有七篇，但是在《汉书》这本官方史料里，却说《孟子》一共有十一篇。有的学者认为，《孟子》本来就是有十一篇，不过后来有四篇失传了。但也有学者认为，《孟子》本来就是七篇，但是又被人伪造了四篇，所以才变成了十一篇，而那失传的四篇，正是被伪造的。就算这样，《孟子》这七篇也有35000多字了，是《论语》字数的两倍还要多，也是"四书"里字数最多的一本。

"王道"的忠实拥趸

《三字经》里说，《孟子》这本书，分辨了王道和霸道之间的区别，强调了仁义的重要性。关于这一点，最明显的一个事例就是孟子和魏国的国君梁惠王①之间的一场对话。

一开始,梁惠王有点炫耀地对孟子说:"我对于国家,那可是尽心尽力。当国家的某个地方出现饥荒灾害时,我就用一系列措施帮助老百姓渡过难关。你去别的国家看看,可没有哪个国君像我这么用心!"

接着,梁惠王对孟子提出了自己的疑惑:"可是,为什么别的国家的人口没有变少,我们魏国的人口也没有增加呢?"

孟子知道梁惠王其实很好战,经常跟别的国家打仗,就对梁惠王说:"我知道大王挺喜欢打仗的,那我就用打仗来举个例子。比如说两边的军队正在交战,一边打赢了,另一边的士兵扔掉盔甲就开始逃跑。有的逃兵跑了一百步才停下来,有的逃兵跑了五十步就停下来了。结果那个跑了五十步的逃兵就嘲笑跑了一百步的逃兵,说他胆子小。您觉得这件事怎么样?"

梁惠王回答说:"那当然不好,这个逃兵只是没有跑到一百步而已,可也逃跑了啊!"

孟子接着对梁惠王说:"大王啊,您既然懂得这个道理,就别指望自己的百姓比别的国家多了!"

在孟子眼里,梁惠王虽然对老百姓不错,可是他的政治理念并没有真的为老百姓着想,所以,梁惠王就像那个只跑了五十步的逃兵,比那些完全不爱护老百姓的国君好不到哪里去。

那么,按照孟子的观点,国君要怎样做才算是真的为老

---

① 魏惠王在位时,将魏国首都迁到大梁(今开封市),所以魏惠王又被称为梁惠王,《孟子》里有一篇就叫《梁惠王》。——编者注

百姓着想呢？

孟子认为，首先，国君不能为了打仗而耽误老百姓的农业生产。国君只有让老百姓在该种地的时候种地，该种树的时候种树，该捞鱼的时候捞鱼，老百姓才能收获足够多的食物和纺织材料，从小孩到老人就都不会饿肚子，也不会没衣服穿了。其次，国君得为老百姓认认真真地兴办教育，开办学校。这样，老百姓才能学会知识，懂得尊敬爸爸妈妈，爱护老人，道路上就不会有还在受苦受累的老人了。

在孟子眼里，这些为老百姓着想的政治措施，才算是仁义的政治，也就是仁政。国君只有用仁政来治理国家，才能实行王道，才能让别的国家的老百姓来投奔和归顺，这样国家才能天下无敌。

孟子提倡国君要实行仁政和王道，而不是依靠战争去实行"霸道"。孟子还专门解释过"王道"和"霸道"的区别。那些明明依靠武力却又说自己仁义的国君，确实有机会通过霸道来称霸。不过这样称霸有一个前提条件，那就是你必须国力非常强盛，能靠着绝对实力碾压别人。而那些真正实行仁义政策的国君，就算没有强大的国力条件，也可以在天下的范围内称王。孟子举的例子是，商朝的建立者商汤，他只有方圆七十里左右的土地，却能够让天下人都跟随他；周朝的建立者周文王，只有方圆一百里左右的地方，却能让天下人都归顺他。

简言之，孟子说的"王道"，讲究用德行来让人叹服，而"霸道"是用武力来让人屈服。他有一句著名的话："民为贵，社稷次之，君为轻。"意思是说，老百姓是最重要的，国家是其次重要的，国君倒是不重要的角色。毕竟，只有有了老百姓，才能建立起国家，有了国家，才有国君。

孟子的这种思想，被人总结为"民贵君轻"。

那么孟子的道理对吗？当然是对的。但实事求是地说，在孟子所在的弱肉强食的春秋战国时代，他那些不依靠武力的"王道"，虽然被各国国君认同，但却没有哪位国君愿意真正去实施，因为大家都认为最后要实现强大靠的还是武力和经济，这也是孟子在各国得不到重用的一个原因。

后文会写到整个中国古代史，你看完就会发现，历朝历代的君王虽然几乎都无比推崇孟子"仁政"的观点，但又有着自己的一套方法，有人将这总结为四个字，叫"外儒内法"，法家的"法"。这四个字该如何理解，等你看完《三字经》里的中国古代史，可能就会有所感悟了。

孟子者，七篇是，辨王霸，说仁义。

《孟子》这本书一共有七篇，孟子在这本书里说明了王道和霸道的区别，宣传了仁义的道德观念。

出于其类，拔乎其萃，自生民以来，未有盛于孔子也。

出自《孟子》。意思是说，（圣人的）才能和德行能够超越他们的同类，自有人类以来，应该没有比孔子更伟大的人了！这句话衍生出的成语"出类拔萃"，指的就是人的能力和品行超越同类。

民为贵，社稷次之，君为轻。

出自《孟子》。意思是说，老百姓是最重要的，国家是其次重要的，国君倒是不重要的角色。这句话所表达的"民贵君轻"思想，是孟子的重要观点。

40 如何看待『中庸』？

> 中庸者，子思笔，中不偏，庸不易。
>
> 『中庸』这个词是什么意思？
> 《中庸》这篇文章具体有哪些观点？
> 中庸思想有哪些值得学习的地方，又有什么问题？

还记得前文说过的朱熹吗？作为南宋的大儒学家，朱熹觉得"四书"里最难学的就是《中庸》。因为他觉得《中庸》所表达的思想最深奥，也最抽象。

朱熹的观点，受到了宋代的儒学家程颢（hào）和程颐的影响。程颢和程颐也在自己的著作里说："《中庸》这篇文章，真的是最高的学问了！那些善于阅读《中庸》的人，就算只读懂了这一篇，也能获得无尽的好处啊。"

《三字经》里也用了一句话来介绍《中庸》这篇文章的主要思想："中庸者，子思笔，中不偏，庸不易。"意思是说，《中庸》这篇文章，是孔子的孙子子思写的；"中庸"的"中"，指的是一种不偏向任何极端的处事态度；"中庸"的"庸"，指的是不轻易变更的处事作风。

其实,《中庸》的作者是不是孔子的孙子子思,还不太好说,但无论这篇文章是谁写的,它都包含了儒家学派关于"中庸"的核心思想。因为《中庸》这篇文章对古人的影响实在太大了,所以"中庸"这个词也成了自古以来很多中国人为人处世的标准。

"中庸"是不是就是圆滑?

中庸的"中"字从字面上还是挺好理解的,正中间那个最恰当的位置,不偏向任何极端,不随便改变位置,就可以称得上是中了。

但中庸的"庸"字,却很容易让人产生误解。这大概是因为,在现代汉语里面,"庸"这个字所组成的大部分词语,都是贬义的。比如平庸,指的就是一个人非常普通,没有什么大的作为;再比如庸俗,指的是一个人境界很低,比较粗俗,一点儿也不高尚。

所以说到"中庸",现在很多人觉得它是个偏贬义的词,似乎指的是一种非常圆滑,谁也不得罪,喜欢和稀泥的行为准则。

但其实在一开始,儒家学派提出这个概念的时候,"中庸"是一个褒义词。儒家学派的创始人孔子曾经说过:"中庸其至矣乎!民鲜能久矣!"意思是说,中庸可以说是一种最高的人生境界，很少有人能够长期保持在这种境界上。我们可以看到，在孔子眼里，中庸不只是简单的褒义词，甚至可以说是顶级的褒义词。

这是因为在孔子所处的春秋时代，人们对于"庸"字的理解，和现在是不一样的。有学者认为，"庸"字在当时，其实和"使用"的"用"字意思相同。按这种观点，"中庸"这个词指的就是"以中为用"，也就是奉行并使用不偏不倚的原则。还有的学者认为，"庸"这个字的意思是通常的做法。既然是通常的做法，自然不能轻易改变了，这也是符合《三字经》里"庸不易"这句话的解释的。

《中庸》这篇文章，也对中庸的意思进行了解释。在这篇文章的开头，作者就概括说，中庸的道理，是关于人如何修身养性的大道理。我们要能用"中和"的方法来处理问题，这样才能实现中庸。那什么是"中和"呢？

《中庸》的作者举了个简单的例子。我们每个人都有七情六欲，有喜怒哀乐等各种情感。当我们的各类情感还没有萌发的时候，我们就处于"中"的状态。而当我们产生了喜怒哀乐的情感，并且能很好地控制这些情感时，就达到了"和"的状态。这也许就能解释前文说到的一种现象：正是因为受到了中庸思想的影响，所以在古人眼里，那些开心、生气都不表现出来的"扑克脸"，往往会显得比较高级。

怎样才算中庸？

首先，中庸要求我们做事情的时候要有所顾忌，不能毫无忌惮地行动。

孔子是这么解释的："君子中庸，小人反中庸。君子之中庸也，君子而时中；小人之中庸也，小人而无忌惮也。"意思是，君子一般能够做到中庸，小人却会违反中庸的要求。君子之所以能做到中庸，是因为君子在每时每刻，说的话、做的事情都是不偏不倚、非常合适的。小人之所以会违反中庸的要求，就是因为小人说话做事没什么顾忌，想干什么就干什么，想说什么就说什么。

孔子举过一个例子来说明，怎么做算是"有所顾忌"。他说，远古时代的一位部落首领，也就是三皇五帝之一的舜，真的是非常有中庸这种大智慧的人。舜喜欢问别人问题，也很善于分析别人说的那些看起来比较浅显的话，体会其中有什么深层次的意思。舜这么做，肯定能让他更加了解别人。但舜在了解一个人之后，总是掩饰他的缺点和短处，宣扬他的优点和长处。舜还能够在掌握几种比较极端的意见之后，采纳最适中的意见用于造福百姓。这就体现了舜在做事情之前有所考虑，有所顾忌。

其次，中庸要求人们做事情不能太死板，很多事情不是做得越极端就越好，所以我们干什么事情，既不能太过度，也不能达不到基本的要求。

有一天，孔子的学生子贡问老师："我的两个同学子张和子夏，他俩谁更好呢？"

孔子说："子张他有点过分了，子夏却有点不够啊。"

子贡一看，老师好像没有正面回答自己的问题，就追问说："那他俩到底谁更好呢？"

孔子回答说："过犹不及。"意思是，过分和不够这两种情况，其实是差不多的。"过犹不及"这四个字，就体现出了孔子所宣扬的中庸思想。

再举一个更具体的例子。孔子有一个学生叫曾子。曾子是一个特别孝顺的人，什么都听父亲的，一点儿也不敢违抗父亲的意思。有一天，曾子在田地里锄草，结果不小心把瓜秧的根给锄断了。曾子不是故意的，而且一株瓜秧也谈不上有多珍贵。但曾子的父亲非常生气，抄起一根大棒子就开始打曾子，把曾子直接打晕过去了，差点儿给打死。曾子父亲的做法当然是不对的，放在今天都称得上犯罪了，但曾子因为太孝顺自己的父亲了，反而觉得他爸爸打他是没错的。

孔子听说了这件事，就告诉他的学生们，曾子这回真的犯了一个严重的错误。对此，曾子不太理解，就跑去问孔子："我到底犯了什么错误呢？我不是在孝顺我的爸爸，让他通过打我来教育我吗？"

孔子说："你看起来是在孝顺你的爸爸，但其实你做得太过火了，反而显得不孝顺了！你想，如果你为了孝顺爸爸，真的被你爸爸打死了，那你爸爸不就陷入了不仁不义的处境吗？你如果真的孝顺，怎么会让你爸爸犯下这样的罪过呢？"

中庸就都对吗？

中庸思想教导人们，要尽量去说合适的话，做合适的事情。当然，为了能够让自己的行为显得合适，人们要三思而后行，在说话做事之前，要好好考虑清楚。从这一点来说，中庸的思想也没有错。

但是，必须承认，中庸思想毕竟有封建时代的局限性，也有不少问题。

比如，中庸思想要求人们安安心心、规规矩矩、安守本分，这其实限制了人的思想，很容易让人失去活力，进而失去生命的创造力。《中庸》这篇文章还说道，富贵的人就应该做富人该做的事情，贫穷而且地位卑微的人就应该做穷人该做的事情。这更是服务于等级秩序的封建思想，在今天是绝不应该被提倡的。

实事求是地说，"中庸之道"是中国传统文化中很重要的一个组成部分，到现在依旧或多或少地影响着中国人的各个方面。我们在这里只能让大家对这个概念有一个初步的了解。很多人一辈子都在探寻和解释《中庸》及中庸之道，等你们以后有机会了，有兴趣了，可以去看看《中庸》的原文，或许也会有自己的感悟和理解。

知识卡

中庸者，子思笔，中不偏，庸不易。

《中庸》这篇文章是孔子的孙子子思写的。中庸的"中"，指的是一种不偏向任何极端的处事态度；中庸的"庸"，指的是不轻易变更的处事作风。

君子中庸，小人反中庸。
君子之中庸也，君子而时中；
小人之中庸也，小人而无忌惮也。

出自《中庸》。意思是说，君子能够做到中庸，小人却会违反中庸的要求。君子之所以能做到中庸，是因为君子每时每刻都是不偏不倚的；小人之所以会违反中庸的要求，就是因为小人没什么顾忌。

过犹不及

出自《论语》。意思是说，过分和不够这两种情况，其实是差不多的。

41 古代读书人的"四大理想"是什么?

大学者,学之程,
自修齐,至治平。
此二篇,在礼记,
今单行,本元晦。
什么是"修齐治平"?
为什么是这个顺序?
为什么这是古代读书人的理想?

前文在讲什么是古代的"小学"时,提到了"大学"这个概念,也说到了《大学》这篇儒家经典文章。《三字经》里有这样一句话:"大学者,学之程,自修齐,至治平。"

意思是说,《大学》这篇文章,讲了学习的阶段和过程,从修身和齐家说起,一直到治国、平天下这样远大的目标。不过,"大学者,学之程"这句话,其实是章太炎先生重订《三字经》的时候改动的。在最初版本的《三字经》里,这句话是"作大学,乃曾子",意思是说,《大学》这篇文章,是孔子的学生曾子写的。那么,章太炎为什么要改动这句话呢?原来,虽然很多学者都认为《大学》这篇文章是曾子写的,但这其实只是一个传说而已,并没有真切的证据。也有学者认为,《大学》不是曾子写的,而是秦汉时候的儒学家写的。因为《大学》这篇文章的作者是有争议的,所以章太炎可能是出于严谨,就改动了这句话。

《三字经》里还写道:"此二篇,在礼记,今单行,本元晦。"这句话里的"元晦",指的是前文讲过的南宋时候的大学者朱熹,他的字就是元晦。在古代,直接叫别人的名字,尤其是叫那些老师和长辈的名字,是非常不礼貌的行为。所以古人一般会用一个人的字来称呼他。在这里,章太炎出于礼貌,也出于对朱熹的尊重,就用朱熹的字来称呼朱熹了。所以,这句话的意思是,《大学》和《中庸》这两篇文章,原本都是《礼记》这本书中的篇目,现在这两篇单独成书,是因为朱熹把它们与《论语》《孟子》合在了一起称作"四书"。

人生的四步格局

朱熹认为,学生们在开始学习"四书"的时候,读的第一篇文章就应该是《大学》。学完《大学》,这个人的思想格局和思想深度也就大概能确定了。

为什么这么说?因为《大学》这篇文章主要讲的就是一个人的格局分为四个层次,简称"修齐治平",展开来说,就是不少人可能都听过的一句话:"修身,齐家,治国,平天下。"

修身,指的就是让自己成为一个品德高尚的人。

修身是一切的前提。《大学》里说,你要是想修养好自己的品德，关键就在于能够端正好自己的心态。为了端正好自己的心态，你要让自己的意念保持真诚，并且能够探究事情的道理，获得正确的认知。等你的心态端正了，你就不会再轻易地感到恐惧和不安了。

你们看，修身所要求的这种端正的心态，恰恰符合前文说过的中庸的要求。

说实话，"修身"这个要求已经非常高了。对我们绝大多数人来说，能够做到修身，就已经很不容易了。但《大学》里说，修身完成之后，才可以开始齐家。什么是"齐家"？简单来说，就是管理好自己的家族，安顿好自己的家人，处理好家庭的各种事情。这些要求听起来容易，但其实是非常难的。毕竟俗话说"清官难断家务事"，家庭内部的事情，很多时候是讲感情，而不是讲道理的，所以就算是特别公平公正的人，也很难平衡好家庭里的矛盾和纠纷。

等我们能做到齐家的时候，就可以向着"治国"和"平天下"的目标努力了。周朝的时候，天下分为很多个小诸侯国，所以《大学》这篇文章里的治国，指的主要是治理一个比较小的诸侯国，可以理解为治理好一个城邦。

《大学》所宣扬的治理国家的方法是儒家的方法，不像上古时代的暴君商纣王那样，让老百姓害怕自己从而去遵守秩序，也不像法家宣称的那样，让老百姓因害怕受到惩罚而去遵守秩序。儒家所推崇的治国方法，是去教化百姓，让百姓变成有素质有礼貌的居民，从而发自内心地认同并遵守社会的基本秩序。等到你能治理好一个城邦，或者一个小国家了，那你就有机会获得天下人的敬仰和爱戴，从而用德行而不是武力去平定天下，让全天下都变得太平稳定。

随着儒家学说的发展壮大，修身、齐家、治国、平天下，可以说成了古代绝大多数读书人的"四大理想"，但不是人人都能从修身和齐家开始，一步步地实现治国、平天下的理想和目标，也不是人人都有机会来实现自己的抱负。只有少数人能够像大思想家孟子所说的那样，"穷则独善其身，达则兼济天下"——一个人在时机不对或不得志的时候，要注意洁身自好，修养好自己的品格，在获得机会或得志的时候，要发扬善，乃至去造福天下人，去治国、平天下。

那有没有达到修身齐家的基本要求，又实现治国平天下的理想目标的人呢？也不是没有，比如范仲淹。

范仲淹的人生

范仲淹小时候，家境非常不好。他的爸爸在他两岁左右的时候就去世了，他的妈妈只好带着还是个宝宝的范仲淹，改嫁给了一户姓朱的人家，范仲淹也被改姓朱了。

所以，范仲淹从小在家庭里的地位就比较低，生活条件也很差。有记载说，范仲淹小时候连饭都不怎么吃得上，冬天时，他每天只能煮一锅粥，待粥凝固后，把它分成四块，早上吃两块,晚上吃两块,就这样对付着过一天。可是,在这样穷困的生活中,范仲淹却想方设法读了大量的书,努力去学习知识,提高自己的品德和修养。就这样,范仲淹成了一个有学问、有品德又独立自主的人,完成了"修身"这个目标。

到了二十多岁的时候,范仲淹考上了进士,年纪轻轻就开始做官。当官不久,范仲淹就把老母亲接到了自己身边,去孝顺自己的母亲。又过了一段时间,范仲淹把自己的姓改回了原本的范。范仲淹终于凭借着个人的努力和奋斗,安顿好了家人,恢复了家族的地位,完成了"齐家"这个目标。

范仲淹在当官的时候尽心尽力,几年之后,

就当上了一方的县令，也就是现在的县长，开始做老百姓的"父母官"。他修建水利工程，努力去造福一整个县的百姓。因为范仲淹的工作做得很好，没过几年，皇帝就让他到京城任职。之后，范仲淹在京城和地方都做过官，可以说他开始实现"治国"这样的理想目标了。

到范仲淹五十多岁的时候，皇帝又派他去边关，防止别国的入侵，范仲淹甚至曾亲自率领部队去抵御敌军。从边关回来之后，范仲淹得到了皇帝的重用，先是当上了枢密副使，后来又当参知政事，也就是宰相这个级别的职务，来领导国家政策的改革。就这样，范仲淹在政治上走上了人生的巅峰，开始去实现"平天下"这样的理想目标。

当然，不是每个人都能够像范仲淹那样，完整地实现修身、齐家、治国、平天下这四个目标，但无论如何，完成修身这个目标是一切的前提。所以，大家不妨从现在开始，努力学习，端正心态，提高自己的道德修养，先成为一个能够独善其身的人吧！

> 大学者，学之程，自修齐，至治平。
>
> 《大学》这篇文章，讲了学习的阶段和过程，从修身和齐家说起，一直到治国、平天下这样远大的目标。

此二篇，在礼记，今单行，本元晦。

《大学》和《中庸》这两篇文章，原本都是《礼记》这本书中的篇目。如今，《大学》和《中庸》单独作为经典著作出现，就是因为朱熹提出的"四书"这个概念。这句话里的"元晦"，是南宋时候的大学者朱熹的字。

穷则独善其身，达则兼济天下。

出自《孟子》。意思是，一个人在时机不对或不得志的时候，要注意洁身自好，修养好自己的品格，在获得机会或得志的时候，要发扬善，乃至去造福天下人。

42 皇帝们为啥爱看《孝经》？

- 四书通，孝经熟，如六经，始可读。
- 唐玄宗为什么要推广《孝经》?
- 《孝经》里的孝道有哪些要求？

　　前文已经说过，孝顺父母是中华民族的传统美德，但中国古代的孝道也并不都是值得我们去学习的。比如，我们不应该通过伤害自己去孝顺父母，而是应该用合适的方法去孝顺父母，而且指出父母一些不对的地方也并不是不孝顺的表现。

　　关于孝这种美德，古代专门有一本经典，叫作《孝经》。《三字经》里说："四书通，孝经熟，如六经，始可读。"意思是说，等我们读通了"四书"，并且读熟了《孝经》之后，才可以去读"六经"。所以说，《孝经》也是中国古代读书人的必读书之一。

什么是《孝经》

《孝经》作为一部重要的儒家学派著作,大概成书于秦汉之际。《孝经》的作者暂无定论,据说,《孝经》收集了孔子和他的弟子所留下来的一些想法。我们在前文讲过《二十四孝》,说的是封建时代很有名的二十四个小故事,里面有值得传承的地方,也有完全没必要去学的地方。但是《孝经》和《二十四孝》是不一样的,它不是一本故事书,而是一本讲述什么是孝道、怎么用孝道来治理国家的理论著作。

从汉朝开始，就有非常多大儒学家研究《孝经》，《孝经》也就有很多个版本的注解。到了唐朝的时候，有一位皇帝格外重视《孝经》这本书，他就是唐玄宗李隆基。他亲自给《孝经》做了注，写了序言，还找来了一块很大的石碑，让人把《孝经》的内容和自己的序言、注释都刻在了石碑上，让人们去阅读。这个由皇帝亲自注释的《孝经》版本，当然成了一个非常权威的版本。

那么问题来了：唐玄宗都做到皇帝了，为什么还这么爱看《孝经》呢？

这恐怕要从唐玄宗怎么做上皇帝这件事说起。

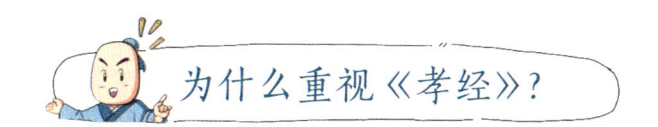

为什么重视《孝经》？

其实，在唐朝的前期和中期，为了争夺权力，皇室内部总是发生流血政变，经常会出现亲人杀害亲人的事情。

比如让唐朝走向富强稳定的唐太宗李世民，他为了登上皇位，就干掉了自己的哥哥和弟弟，然后让自己的父亲把皇帝的宝座让给了自己。按理来说，古代的孝道要求儿子顺从父亲，弟弟尊敬哥哥，大家觉得唐太宗李世民杀掉兄弟、逼迫父亲的行为符合孝道吗？肯定是不符合的。所以唐太宗就给唐朝的皇位继承方式开了一个很不好的头。

后来，唐朝的宫廷里发生过很多次出人命的政变，就连唐玄宗李隆基自己也发动过两次政变。他先是和姑姑太平公主合作，通过政变，杀死了试图掌握权力的堂姐安乐公主和伯母韦皇后。没过几年，唐玄宗的父亲将皇位让给了他，但自己仍掌握朝政大权，唐玄宗又通过政变，杀死了自己的姑姑太平公主，从父亲手中夺过了权力，彻底巩固了自己的皇权。其实，从唐玄宗的所作所为来看，他绝对算不上一个孝子，既然唐玄宗自己都不是孝子，他为什么还要推行《孝经》呢？

有学者认为，唐玄宗自己是通过政变真正当上皇帝的，可能也害怕家人再通过政变威胁自己的皇位。所以，唐玄宗当上皇帝之后十年，就第一次注释《孝经》并颁行天下，强调孝道的重要性。后来，唐玄宗到了六十岁左右的时候，又对其加以修订并第二次颁行天下，以维护自己的统治地位。当然，唐玄宗为了防止自己的孩子夺走自己的皇位，还把儿子们集中安排在一些宫殿，这样就方便管理他们了。

《孝经》的背后是什么？

唐玄宗如此重视《孝经》，也因为《孝经》是一本给君王看的书。

像《二十四孝》这种故事书，主要是给普通老百姓看的，而《孝经》这样的理论著作，主要是写给读书人和君王的。《孝经》里有大量内容是关于君王如何通过孝道来治理天下的。

《孝经》认为，孝，是一切德行的根本，也是我们能够接受教化的根源。孝顺父母，首先是要爱惜自己的身体，有一句话叫"身体发肤，受之父母，不敢毁伤"，意思就是我们的身体器官、头发和皮肤都是从我们父母那里得到的，所以我们不能损伤自己的身体。

但光孝顺父母就够了吗？不够！因为《孝经》认为，孝不仅有开始，还有后面的目标，那就是通过遵守仁义道德，在某些事业上取得成就，这样就能让父母因为你而感到光荣和骄傲。孝顺父母只是孝的一部分，忠于自己的国君，为君主效力，建功立业，是孝的另一部分。

但我们中国有句话叫"忠孝两难全"，说的是我们很难既孝顺父母，又忠于国家。毕竟，如果一个人去为国家打仗，那他就是忠于国家，但是如果这个人在战争中受伤或者去世了，他就很有可能没办法孝顺父母了。

但《孝经》说，没关系！如果你对国家有贡献，名扬天下了，或者为国家建功立业了，那你就既能够让父母感到光荣——这样就孝顺了你的父母——又能够忠诚于自己的君主和国家。

《孝经》里有这样一句话："君子之事亲孝，故忠可移于君。"意思是，君子对爸爸妈妈很孝顺的话，他就能把对父母的孝心变成对国君的忠心。从这句话我们可以看到，在《孝经》里，孝敬父母和效忠国君是有因果关系的，甚至被看作同一件事。

这么一解释，你可能就会明白唐玄宗和后来的很多皇帝为什么那么看重《孝经》了，就是因为《孝经》要求人们不仅要孝顺父母，还要效忠于皇帝，让老百姓学习《孝经》，是有助于这些皇帝来统治他们的。

《孝经》还要求臣子尽心尽力地辅佐自己的君主。如果君主做了什么错误的举动，那这些臣子就算赔上自己的性命，也要想办法去给君主提意见，尽可能地挽回这些错误。

《孝经》让臣子们这么做，对君主有什么好处呢？《孝经》里说，只要国君的身边有好几个愿意跟他说真话、提意见的大臣，那么就算这个国君是个昏君，也不会失去对于天下的统治。通过这句话我们也能看到，《孝经》对大臣行为的要求也是为了维护君主的统治。所以说，唐玄宗之类的皇帝让天下人都阅读《孝经》，就是想巩固自己的统治。皇帝们都爱看《孝经》，也实在是一件很合理的事情了。

四书通，孝经熟，如六经，始可读。

等我们读通了四书，并且读熟了《孝经》之后，才可以开始去读六经。

君子之事亲孝，故忠可移于君。

出自《孝经》。意思是说，君子对爸爸妈妈很孝顺的话，他就能把对父母的孝心变成对国君的忠心。

元典篇

43 "六经"为什么只留下了五部书？

六经者，统儒术。文作周，孔子述。
易诗书，礼春秋，乐经亡，余可求。
这六部经典是怎么成为"六经"的？
《乐经》是怎么失传的？

我们历来有个说法，叫"四书五经"，我相信大家虽然未必都看过这些书，但至少都听过这个说法。前文，我们已经讲了"四书"是哪四部经典，接下来，我们就来聊聊"五经"到底是什么。

其实我们传统说的"五经"，早先是"六经"。《三字经》里提到的也是"六经"的概念："六经者，统儒术。文作周，孔子述。"意思是说，"六经"包含的六部经典，是儒家学说的经典著作。这六部经典，是在周朝编写完成的，之后，孔子对这六部经典进行了整理和讲述。

"六经"指的是哪六部经典呢？《三字经》里也说了："易诗书，礼春秋，乐经亡，余可求。"意思是说，六经本来包含了《易经》、《诗经》、《尚书》、《仪礼》、《春秋》以及

《乐经》，但是后来，《乐经》这部经典消失在了历史的长河中，其他五部经典我们还可以读到。

所以，我们经常说的"四书五经"，其实本来应该是"四书六经"。

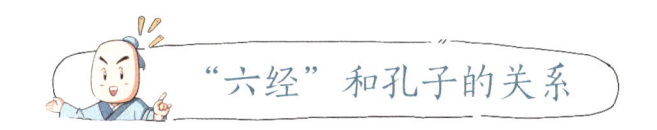

"六经"和孔子的关系

"四书五经"既然是儒家的经典，那么是不是孔子写的呢？

并不是。我们从《三字经》里可以看到，在孔子出生之前的西周时代，这六部经典就已经出现，并且被周朝的贵族学习和使用了。不仅如此，我们的史书里面，还有明确的记载可以证明这一点，在孔子出生之前，就已经有人在谈论和研究六经了。

比如，在春秋时代著名的历史作品《国语》里面，记载了这样一个故事。

有一天，楚庄王询问身边的大臣申叔时：怎么才能教育好自己的孩子呢？

申叔时想了想，干脆就给楚庄王列了个书单。这个书单包括九本书，而有几本书就是后来"六经"里面的著作。比如，申叔时给楚庄王说："大王要用《春秋》这部经典来教育孩子，这样就能让孩子变得更善良，而不是变得邪恶了。"

虽然申叔时口中的《春秋》和后来孔子整理出来的那本《春秋》不太一样,但很有可能,申叔时说的这部《春秋》是孔子修订的原著经典。

申叔时还跟楚庄王说:"让孩子去读一读《诗经》,这样孩子就能拥有丰富的知识和美好的品德,还能拥有明确而远大的志向。"

申叔时接着跟楚庄王说:"让孩子去读一读《礼》这部经典,这样孩子就能知道上级和下级之间的规则了。让孩子读一读《乐》这部经典,孩子的思想就能得到净化,从而变得更稳重,不会很轻浮了。"由此,我们可以看到,《礼》和《乐》这两部经典,在孔子之前也已经非常成熟了,后来,孔子把它们整理成了《礼经》和《乐经》。

申叔时最后说:"要让孩子读一读《训典》这样的著作,这样他们就能了解自己身边的人,效法正确的行为了。"而《训典》这样的著作,后来也被孔子整理到了《书经》,也就是《尚书》里面。

通过申叔时给楚庄王开书单的故事,我们也能看到,在孔子之前,周朝的贵族们就已经很重视"六经"这些著作了,也把这些著作当作学习资料,但是,相对来说,这些学习资料还比较零散。所以后来,孔子和弟子们一起花了很多年的时间,把这些著作系统地整理出来,后来人们就把孔子整理出来的六部著作叫作"六经"。

"六经"有什么用?

在孔子眼里,他编订出来的"六经",具有教育人的作用。

孔子说,只要你来到了一个国家,你就能看出这个国家的教育情况。如果这个国家的百姓温顺柔和、朴实厚道,那他们就是得到了《诗经》的教化。如果百姓都比较通透、有远见,这就是受到了《尚书》的教化。如果百姓们心胸宽广博大、性情平和善良,那就是受到了《乐经》的教化。如果百姓们的性格文静又精细,他们就是受到了《易经》的教化。如果百姓们很谦让、很恭敬,他们就是受到了《礼经》的教化。如果百姓们很有口才、能说会道,他们就是受到了《春秋》的教化。

所以按孔子的观点,"六经"里的每一部经典都有它的知识重点,它们共同组成了儒家学说的知识结构。就连当时别的学派的学者,也都知道这六部经典对于儒家学派有多重要。比如,道家学派的大思想家庄子就曾经记录了孔子向老子介绍自己对于六经的研究的事情。

到了汉朝的时候,儒学成了官方的正统学说。汉武帝设立了一种官职,叫作"五经博士",专门教授《诗经》《书经》《礼经》《易经》《春秋》这五部经典。

为什么这种官职不叫"六经博士"呢?因为《乐经》在这个时候,已经失传了。

《乐经》到底什么样？

《乐经》到底是怎么失传的，学界其实也没有一个公认的答案，不过有两种比较流行的观点。

第一种观点是，《乐经》不是一本用文字记载的书。持这个观点的学者认为，在周朝的时候，连纸都还没有发明出来，音乐的曲谱没有什么合适的东西来记载，就算用丝帛或者竹子记录下来，应该也是不太完善的。所以，周朝的时候，音乐的旋律很有可能是通过口口相传的方法流传下来的，不需要用文字来记录成一部著作。

有的学者还举例说，周朝时，乐师是一种家族职业，爸爸是乐师的话，孩子一般来说也会成为乐师，所以乐曲一般都是在家族内进行教学，不需要专门的乐谱来记载。而且，周朝有很多乐师都是盲人，他们更不可能把乐谱编成一部著作了，他们也不需要这样的著作。所以，这些学者觉得，也许《乐经》从来都不是一本书，它不可能被流传下来。

第二种观点是，尽管在周朝的时候，乐谱是很不完善的，也很难被记载，但还是被人记载并整理成了一部音乐方面的经典著作。而且，持这个观点的学者认为，如果《乐经》从来都不是一本书，孔子应该是不会把《乐经》和其他五部经典放在一起来看待的，更别说孔子还整理并研究了《乐经》。

在这些学者眼里，《乐经》之所以失传，是因为到了秦朝的时候，秦始皇曾经下令把秦朝之前的列国史记和百姓私藏的《诗》《书》等著作通通烧掉。虽然很多经典还是被人偷偷保存了下来，但是《乐经》作为儒家学派的一部经典著作，还是在这个时候失传了。

无论如何，《乐经》失传都是一件很可惜的事情，我们虽然能够通过当时人们谈论音乐的话来推测那时的音乐，却很难真正还原出原汁原味的周朝音乐了。

> 六经者，统儒术。文作周，孔子述。
> 易诗书，礼春秋，乐经亡，余可求。

"六经"包含的六部经典，是儒家学说的经典著作。这六部经典是在周朝编写完成的，之后又得到了孔子的整理和讲述。六经本来包含了《易经》、《诗经》、《尚书》、《仪礼》、《春秋》及《乐经》，但是后来，《乐经》这部经典消失在了历史的长河中，其他五部经典我们还可以读到。

44 《易经》只是用来算命的吗？

有连山，有归藏，有周易，三易详。

《易经》的成书过程是怎样的？

《周易》两个字是什么意思，表达了什么思想？

物极必反的道理是什么？

我相信不少人在影视剧里看到过这样的画面，一些打扮得像道士的人，自称是算命大师，招牌上写着"周易算命"或者"周公解梦"之类的。其实，现在有些地方的马路边依旧有这样的人。

再加上一些小说里经常会出现"易经算命"这个说法，于是很多人就产生了一个印象：《易经》，就是用来算命的。

真的是这样吗？当然不是！

《易经》包含《周易》

首先，我们先要明确一个问题：《易经》和《周易》是不是同一本书？

答案是：不是。

《三字经》里有一句话，对《易经》介绍得很清楚。

这句话是："有连山，有归藏，有周易，三易详。"意思是，《连山》《归藏》《周易》这三本探讨世界万物变化的道理的书，被叫作"三易"。

而《易经》是这三本书的统称。但后来，《连山》和《归藏》都没能完整地保存下来，所以到现在，一般大家说《易经》，其实指的就是《周易》了。

其次，很多人会觉得，《易经》和道士有关，是道家的经典，这种想法也是不对的。实际上，《连山》《归藏》《周易》

这三本书对春秋战国时代的诸子百家都或多或少产生了影响。所以说,《易经》既是道家的经典,也是儒家的经典,阴阳家、墨家等学派也都吸收了《易经》的思想。

知道了这两点,你就应该明白,把《易经》只是看成一本算命书,那是太小看它了。

你想,《易经》如果只能用来算命,又是怎么成为儒家六经之首的呢?实事求是地说,在古代,《易经》确实会被古人用来占卜,预测事态的发展,从而帮助他们做决策。但《易经》不只包含一些占卜时的卦象,还包含了对这些卦象的解读,还有古代的学者对于自然规律和社会规律的总结,更包含了儒家学者对于天理和人生的思考,具有很高的哲学价值。

《易经》"重度粉":孔子

儒家的学者是非常推崇《易经》的,孔子更是"《易经》迷"。

其实孔子开始研究《易经》的时间是比较晚的,据说他到了五十岁才开始学习《易经》。《论语》记载了孔子说的这样一句话:"加我数年,五十以学《易》,可以无大过矣。"意思是说,如果能再给我多几年的时间,让我五十岁的时候仔细学习《易经》,我就可以不犯什么严重的过错了。在孔子眼里,读懂了《易经》,也就能读懂事情发展的规律,从而避免自己犯错。

我们汉代重要的史书《史记》也记载说，孔子晚年的时候，是非常喜欢研究《易经》的，还给《易经》的很多章节写了序言和解释。我们知道，在孔子的时代，还没有造纸术，所以那个时候，人们会用"韦"，也就是熟牛皮做成比较有韧性的线绳，把竹简编在一起做成竹卷，然后再把文字写在上面编成书。

按史书记载，孔子每天都抱着《易经》的竹卷翻看阅读，日日看，天天翻，结果把编竹卷用的牛皮绳都翻断了好几次。就这样，孔子因为爱看《易经》还留了一个成语，叫作"韦编三绝"。这个成语的字面意思就是，编竹卷用的牛皮绳被孔子翻断了好几次，后来，人们用这个词来形容一个人读书像孔子读《易经》那样勤奋刻苦。

但由于《连山》和《归藏》两部书的散失，随着时间的流逝，留下来的《周易》也就慢慢被人们习惯性地称为《易经》了。

《周易》是怎么来的？

按照史书的记载，《周易》的成书过程非常漫长。按照记载，在神话时代，伏羲为了理解世界的运行规律，预测即将到来的变化、情况，就创造了八卦，为《周易》的理论打下了基础。

到了商朝末年，商朝的诸侯姬昌非常有德行，老百姓都传颂他的好，这就让商朝最后一个国君商纣王非常生气。商纣王是个出了名的暴君，明明姬昌没有什么过错，他却直接把姬昌囚禁起来了，还杀死了姬昌的大儿子。但是，姬昌是一个坚强的人，在被关起来的七年里，他在绝望的处境中，专心地钻研八卦和天地运行的规律，就这样推演出来了《周易》里的很多内容。

但这些都是旧传，《周易》究竟由何人作，迄今无定论。

到了春秋时代，孔子和他的学生开始研究《周易》，给《周易》里几百个卦象的卦辞又做了很多解读，这些解读性的文章一共有十篇，合称《易传》。后来，《易传》和《周易》原来的卦象经文被儒家的学者编在了一起，这就是我们熟悉的《周易》了。

当然，对于《周易》的具体完成时间，学者之间还有很多争议。有的学者认为完整版的《周易》不是孔子所在的春秋时代完成的，而是战国时代完成的。还有的学者认为《周易》是汉朝时完成的。但总体来说，在孔子的时代，《周易》的很多内容已经基本上完成了。

那么，《周易》为什么那么受人重视呢？

从《周易》的卦象和解释里，我们能够学到很多哲学知识，也能够收获一些做人的道理。

比如《周易》里有一个卦象的卦辞，写的是"亢龙有悔"。我最早知道这个词，还是小学时读金庸的《天龙八部》，乔峰的"降龙十八掌"里有这样一招。亢是"最高"的意思,龙是君王的象征,"亢龙"两个字连在一起,应该是至尊的地位,极度繁荣强盛的意思。可是"亢龙有悔"却是说,当你处于这样至高的地位时,你就有可能遭遇失败灭亡的大祸了。

其实,这四个字就展示出了"物极必反"的道理:事物到了某个极端,基本上就要走向另一个极端了。这也是为什么很多人在得意的时候会遭遇不幸,古代不少王朝在极度繁华的时候就要走向衰亡。

既然这个世界有着物极必反的规律,我们应该怎么办呢?《周易》里面也有解答:"君子安而不忘危,存而不忘亡。"意思是说,君子会在安全的时候不忘记出现危险的可能性,在生存的时候不忘记遭遇灭亡的可能性。

我们中国还有一个成语叫"居安思危",指的就是我们要在安全的时候防范危险,这样才能在危险真的到来时有准备,有了准备,就有机会化解危机,转危为安。

在我们的生活中,很多地方都有《周易》的踪影。比如清华大学的校训"自强不息,厚德载物",这八个字就出自《周易》里面的名句"天行健,君子以自强不息","地势坤,君子以厚德载物"。意思是说,天道的运行强健又有力量,君子做事情就要像天那样不间断地进步;大地的气势厚重温和,君子做事情也要像大地那样,用深厚的德行来承载万事万物。

看完这些,你还会觉得《周易》只是用来算命的东西吗?

有连山，有归藏，有周易，三易详。

《连山》《归藏》《周易》这三本探讨世界万物变化的道理的书，合称"三易"。

君子安而不忘危，存而不忘亡。

出自《周易》。意思是，君子会在安全的时候不忘记出现危险的可能性，在生存的时候不忘记遭遇灭亡的可能性。

45 《尚书》是本什么书?

> 有典谟,有训诰,有誓命,书之奥。
>
> 《尚书》是什么意思?
> 《尚书》包含了哪些文体?
> "尚书"是什么官职?

我们在前文说,在"六经"里面,《乐经》已经失传了。而除了《乐经》,五部经典里,相对比较难读的,是《书经》,也就是《尚书》。

不知你们发现没有,《尚书》里的文章,很少被我们中小学的语文教材收录。也许正因如此,知道《尚书》的不少,读过的人却不多。

《三字经》里有一句话是专门介绍《尚书》文章的主要体裁的:"有典谟,有训诰,有誓命,书之奥。"意思是,《尚书》主要包含六种体裁,分别是典、谟、训、诰、誓、命。这六种体裁,体现出这本书的深奥。

《尚书》的争议

大部分学者认为,在汉朝之前,《尚书》都被叫作《书经》,汉朝时,它才被人叫作《尚书》。

"尚书"里的"尚"字,是"上古"的意思,所以"尚书"指的就是"上古时候的书"。《尚书》里记载了很多非常古老的故事和史料,比如记载了尧、舜时代的一些故事,还记载了很多商朝、周朝的历史文献材料。

要知道,在孔子所在的春秋时代的人看来,《尚书》里记载的有些内容,比如西周时官方颁布的一些政治命令、春秋时代一些诸侯国的历史资料,差不多算是与自己同时代的资料,不至于算是上古时候的故事。所以,孔子他们应该不会直接把这本书称作"上古时候的书"。但是又过了好几百年,到了汉朝的时候,这本书里的内容就显得比较古老了,人们把这本书改叫《尚书》也是合情合理的。

《尚书》是一本历史悠久、关于上古时代历史人物重要言行和政策的书。我们也可以把《尚书》理解成一本历史文献资料的大合集。也正因如此,《尚书》并没有一个特定的作者,只有整理者、编订者。一般来说,很多学者和史书都认为,孔子和他的学生是最早编订《尚书》的人。据说,孔子先是收集了上千年的重要历史文献资料,然后精挑细选,编写了一百篇文章,把它命名为《书经》,并把它作为给学生讲学用的教材,这就是《尚书》的最初版本。当然,这也是关于《尚书》诸多说法中的一种。

《尚书》这两个字的意思,还有它的内容,其实几千年来一直存在争议,这是因为春秋时代那个原始版本的《尚书》,并没有被完整地保存下来。

前文我们也说过,在秦朝的时候,出现了一次灾难性的事件,那就是"焚书坑儒"。在焚书的过程中,大量的儒家经典都遭受了破坏,《尚书》也几乎遭遇了灭顶之灾。所以,在秦朝灭亡之后,到了汉朝的时候,人们才重新收集和整理了原来《尚书》的一些内容,编成了《尚书》。而且,在这个重新编订的过程中,原来《尚书》里没有的一些内容,可能也被编到了里面,这就让《尚书》的内容和版本一直充满了争议。

《尚书》里有些什么？

对于《尚书》的体裁分类，学界也有一定的争议。

有的学者认为，《尚书》里有四种体裁，有的学者认为有六种，有的学者觉得有十种。像《三字经》里说的这六种体裁划分，很有可能来自汉朝学者给《尚书》写的序文。这六种体裁分别是典、谟、训、诰、誓、命。

"典"主要指的就是一些关于重要历史人物的政治事迹，或者关于一些历史上重要的典章制度的记载。比如《尚书》的前两篇文章，《尧典》《舜典》，讲的就是尧和舜这两位原始时期重要的部落首领是怎么治理他们的子民的。《尧典》《舜典》里记载了尧和舜说过的很多重要的话，包括尧、舜和大臣之间的一些重要对话。通过这些话，读者就能知道，尧和舜在当首领的时候做了哪些好事，创造了怎样的功劳。读者还能从中学习尧是怎么选拔和任用官员，以及是怎么制定和颁布像历法这样的政策命令的。

"谟"这种文体，主要是记载君主和大臣之间是怎么谋划天下大事、制定实施政策的计划方针的，也记载了很多君主和大臣之间的对话，详细地展示出君臣一起讨论制定政策、计划的这个过程。

"训"主要指的是大臣给君主提的建议，也可以理解成大臣对君主的劝说和训诫。如果说"典"和"谟"的主角是君主,那"训"这种文章的主角就是大臣了。在春秋时代,王子们会从"谟"和"训"这样的文章中学习那些圣贤和君王的思想。而臣子就会从"训"这种文章中,学习怎样与君主一起讨论和谋划大事,怎样去开导君主,怎么才能给君主讲道理,并且让君主听从你的建议,做一个圣明的君主。

"诰"这种文体,可以理解成一种通告类的文章,主要的功能是让人知道统治者的政策命令或者想法。当然,"诰"这种文体并不是简单地把事情通知给你就完了,它还有告诫或者劝说、鼓励的作用。比如,西周的开国元勋周公旦,他就颁布过一个诰,叫作《酒诰》。这篇《酒诰》可以说是目前发现的中国最早的禁酒令。《酒诰》这篇文章说:

你们这些诸侯王,或者在各个地方做官的贵族,一定不能经常喝酒啊,我们要知道,那些叛乱的人,很多是因为天天喝酒,才会失去了道德,犯上作乱,并且导致灭亡的呀。当然,也不是说大家就完全不能喝酒,而是必须用道德约束好自己,只有在祭祀的时候,才可以适量适度地喝一点酒。或者说,如果你们能够很好地孝顺父母,和父母一起美滋滋地吃饭的时候,你们也可以趁着高兴,喝一点酒。

从《酒诰》这篇文章,我们就能看到,"诰"这样的文章虽然是在通知你一些事情,但是通知的方式还是很有人情味的。

"誓"这种文体,主要记录了君主对着士兵或者大臣发表的誓词。比如《尚书》里有一篇文章叫作《汤誓》,说的就是商朝的开国君主商汤在起兵讨伐夏朝的时候,向他的士兵和随从发表的一篇战争动员文章。在这篇文章里,商汤一条条地列举夏朝的末代君主夏桀(jié)的问题,表示"他太昏庸了,作恶多端,实在是上天要我来带领大家讨伐他"!

但你们也不要把这篇誓词想得太美好。在这篇文章最后,商汤说着说着,话锋一转,威胁他的部下说:如果你们不听我的话,我也会好好地收拾你们,还有你们的妻子儿女。这被不少学者认为是中国古代残忍的"株连九族"的开端。

"命"这种文体,主要指的是君主对臣子发布的命令,或者是君主在去世之前留下的一些命令。我们可以看到,"誓"和"命"这两种文体,主要是君主给臣子发布的动员令或者命令,所以春秋时代的很多贵族公子都要阅读这些历史资料,学习怎么给下属发号施令。

通过《尚书》的这六种文体,我们也能看出来,《尚书》在最初被编订出来的时候,主要是给那些王公大臣看的,他们借此学习怎么治理国家、发布政策。

作为官名的"尚书"

这里要再说个题外话。我们看古代影视剧的时候,常常会听到一种官职名称,比如××大人是"兵部尚书",××大人是"刑部尚书"。你可能会疑惑,"尚书"不是一本书吗？怎么变成一个官职了？

原来，尚书最早在战国时期出现，秦朝沿用，主要负责收发文书和保管书籍，相当于朝廷里的小文员。到了汉朝的时候，尚书的地位开始慢慢得到提升，变成了一个能够拥有重要实际权力的官职。东汉设"尚书台"，魏、晋以后称"尚书省"，它逐渐成为综理全国政务的最高行政机构。在隋朝和唐朝的时候，尤其在唐朝前期，尚书省一度要管理六个部门，比如兵部、吏部、工部等，涉及国家关于官员任免、战争、外交、教育、基础建设、法制体系建设等方方面面的大事。

所以在那个时候，尚书这个官职相当重要，尚书省的一把手甚至能够拥有宰相的权力。

明、清时，尚书省这个行政机构就消失了，但六个具体部门的一把手，主要还是叫作"尚书"。

知识卡

有典谟，有训诰，有誓命，书之奥。

典、谟、训、诰、誓、命这些体裁，体现出《尚书》的深奥。

46 《诗经》为何成为经典？

《诗经》是本怎样的书？
为何有此名句能流传千古？
有国风，有雅颂，号四诗，当讽诵。
什么叫"不学诗，无以言"？

上一篇我们讲了"六书"里的《尚书》，说到《尚书》的阅读门槛还是比较高的，没那么容易读。那么"六书"里有没有相对好读一些的呢？也有，那就是《诗经》。为什么说《诗经》相对好读一些呢？因为《诗经》是由诗歌组成的，相对朗朗上口一些，读起来也没那么费力。

《三字经》里有一句专门描述《诗经》的话："有国风，有雅颂，号四诗，当讽诵。"意思就是《国风》《大雅》《小雅》《颂》，合称为"四诗"，这些诗歌内容丰富、感情真切，实在值得我们去朗诵。

我们都知道，在中国古典文学中，诗歌有着极其重要的地位。而《诗经》是中国最早的一部诗歌总集，被称为"中国古代诗歌的开端"。实际上，我们学过和读过的所有中国古诗，都或多或少受到了《诗经》的影响。可以说，《诗经》对我们中国的文化和历史有着非常大的影响。

《诗经》是怎么来的？

在公认的《诗经》版本里，一共有311首诗歌。又因为在这311首中，有6首只有标题，没有内容，所以我们现在的《诗经》版本包括305首完整的诗歌。

在这305首诗中，最早的大概创作于西周初年，最晚的创作于东周的春秋时期，所以说，《诗经》里的诗，主要展示的是我国周朝时期的社会面貌。在周朝，天子专门设置了一个官职，叫作"采诗官"。采诗官会在每年春天摇着铃铛走在田间地头，收集当地百姓正在说唱的歌谣，把它们记录下来，然后整理好，交给宫廷里负责音乐的官员去谱曲，最后把它们演唱给天子听，让天子知道老百姓到底在想些什么，各地的风俗情况如何。

不过，通过这种方式收集起来的诗，我们很难知道具体是哪个人创作的，所以在《诗经》里，大部分诗都没有确切的作者，只知道是某个地方的老百姓创作的。

《诗经》分为《风》《雅》《颂》三部分。其中，《风》这个部分的诗歌最多，足足有160篇，占了整部《诗经》一半多。《风》主要是那些由老百姓创作的、展示地方风貌的民歌，这些民歌一共被分为十五个区域，所以《风》也被分为十五个部分，叫作"十五国风"。

《雅》这个部分里一共有105首完整的诗歌，分为《大雅》和《小雅》，主要收集了周代贵族在宫廷宴会或者朝会上唱的诗歌。

《颂》这个部分只有40首诗歌，主要是用于祭祀宗庙的，有一部分是史诗，也有一部分是舞曲歌辞。

《诗经》里有点啥？

因为《诗经》里诗歌的作者来自不同的地方，有着各种各样的身份，过着各种各样的生活，所以诗歌的内容也非常丰富，包含着许多主题。

比如《小雅》里的《采薇》，就是一首描绘士兵在打仗结束后，返回家乡的诗歌。在很多史诗或者史书里，战争一般都是雄伟壮阔的，打胜仗往往是让人喜悦、爽快的，但《采薇》这首诗所描绘的战争却不太一样。这首诗描写的是一个最普通的小兵眼里的战争，把战争的残酷、思念家乡的痛苦充分地展现了出来，所以特别具有感动人心的力量。

除了描绘战争，《诗经》里也有很多关于友情的诗句，都写得非常感人。比如我们非常想念一个朋友，会觉得一天没见到他，就像隔了好几年一样。在《诗经》里，就有"一日不见，如三秋兮"这样的诗句，形容我们的这种思念朋友的感受，这也是成语"一日不见，如隔三秋"的来源。

此外，我们和朋友见面或者一起玩耍，有的时候还要相互送礼物。在《诗经》中，有"投我以木瓜，报之以琼琚"这样一句诗来描绘朋友间相互送礼物的温馨场景，这句诗的意思是"你送给我木瓜，那我送给你漂亮的玉石"。

另外，我们交朋友，本质上是为了排解孤单，寻求理解。在《诗经》中，有这样一句诗："知我者，谓我心忧，不知我者，谓我何求。"意思是，理解我的人，能够说出我心中忧愁；不能理解我的人，却问我在寻求什么。简简单单的一句诗，就把能够理解自己的朋友的价值展现了出来。

在春秋时期那个经常打仗的年代，在外征战的士兵之间的"战友情""同袍之情"，更是深刻感人。

《诗经》里的《击鼓》这首诗，就描绘了一个在外打仗、随时都有可能死去的士兵想起当年与一同打仗的"战友"许下约定的场景。这个士兵当年与朋友的约定是"死生契阔，与子成说；执子之手，与子偕老"，意思是"不论生死还是离别，我都与你立下誓言。我与你的双手紧握在一起，希望我们能一起老去"。

这些经典的诗句，一直流传到现在。

《诗经》里还有不少诗句后来也演变成了名句。比如"所谓伊人，在水一方"，或者"窈窕淑女，君子好逑"，这些诗句都描绘了那些令人心动的美丽贤淑的女子。当然，可能原诗的本意未必如此。

而面对这样的女子，也许追求的过程并不是一帆风顺的，所以在《诗经》中还有"求之不得，寤寐思服。悠哉悠哉，辗转反侧"这样的句子，意思是"追求却还没有得到，让我不论白天黑夜都在想念她，这长长的思念，让人翻来覆去睡不着"。这些诗写得又深情，又生动。

《诗经》是如何被编订的？

相传春秋时期尹国的国君尹吉甫曾经收集了《诗经》中的篇目。而孔子就在这些原有的篇目基础上，编订了《诗经》的正式版本。

当时，孔子编订的版本还不叫《诗经》，只叫作《诗》，这本书在后来与其他几本一起被列为"五经"，成为儒家经典的时候，才开始被人叫作《诗经》。孔子当时编订《诗经》，主要是为了给学生讲学。而且，你们不要看《诗经》读起来朗朗上口，好像很简单，在孔子看来，这本《诗经》不是基础教材，而是高级教材。根据《论语》的记载，只有当学生有了思想上的进步之后，孔子才会开心地对他说："啊，我终于可以和你谈论《诗经》里的内容了。"在孔子眼里，《诗经》是一本非常重要的教材。他曾经对儿子说过这样一句话："不学《诗》，无以言。"意思是，不学习《诗经》，你就没法提高与人交流和表达的能力。

因为在孔子所处的时代，贵族之间交流都会引用《诗经》里的话，你如果完全没读过《诗经》，是无法进入上流社会，甚至是无法立足的。

有国风，有雅颂，号四诗，当讽诵。

《国风》《大雅》《小雅》《颂》，合称"四诗"，这些诗歌内容丰富、感情深切，实在值得我们去朗诵。

知识卡

《诗经》

中国最早的一部诗歌总集，收集了西周初年至春秋中叶（公元前11世纪至公元前6世纪）的诗歌，共311篇，其中有6篇只有标题，没有内容，因此完整的共有305篇。《诗经》相传为尹吉甫收集、孔子编订，具体篇目的作者几乎都已经无法考证。《诗经》在先秦时期被称为《诗》，在西汉时被尊为儒家经典，始称《诗经》，并沿用至今。

47 什么是『三礼』？

> 周礼者，著六官。
> 仪礼者，十七篇。
> 大小戴，集礼记，
> 述圣言，礼法备。
>
> 「三礼」指的是哪三本书？
> 这三本书主要写了哪些内容？
> 礼治社会和法治社会有什么不同？

不知道你是否听过一句话：我们中国是"礼仪之邦"。从小到大，无论是爸爸妈妈还是老师，都会教育我们要讲礼貌。

确实，讲究礼貌和礼仪是我们中国人的传统美德。在"六经"里面，就有一本关于礼仪的经典——《仪礼》。

《仪礼》记载了周朝各种礼仪的细节，在当时，人们把这本书叫作《礼经》。到西汉时，又有学者编纂了《礼记》一书。《礼记》的很多内容，其实都是在解释《仪礼》里面的礼仪形式。这两本加上另一本叫《周礼》的书，合称"三礼"。

《三字经》专门用两句话来讲"三礼"这三本书："周礼者，著六官。仪礼者，十七篇。大小戴，集礼记，述圣言，礼法备。"

这句话的意思是，《周礼》记载了周朝朝廷的六大类官职制度,《仪礼》一共留下来了十七篇内容。在汉朝的时候,儒学家戴德和他的侄子戴圣被人们一起称为"大小戴",他们整理资料,编订并注释了《礼记》这本书,用来记录和传扬圣贤们的言论和著作,使得关于礼仪的典章制度和资料变得更加详细完整。

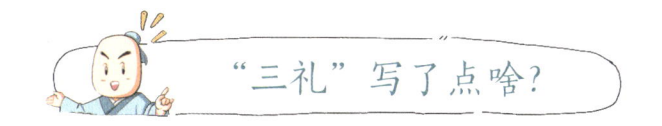

"三礼"写了点啥?

《三字经》里说,《周礼》这本书主要写的是周朝朝廷里的六大类官职,也就是"六官"的制度,所以这本书又叫作《周官》。

《周礼》的作者到底是谁,《周礼》这本书到底是什么时候完成的,学者们众说纷纭。古文经学家觉得《周礼》这本书是周朝的开国元勋周公旦编写的,但是这本书里面,也记载了一些周公旦去世之后才出现的制度。所以,有的学者觉得,这本书先是由周公旦写的,又经过了后世人一点一点补充。但也有学者认为,这本书压根就不是周公旦写的,而是汉朝的学者写完以后,伪造成周公旦写的。如今大部分学者认为《周礼》是战国时期作品。

《周礼》这本书主要记载周朝的官职制度,一共分为六篇,每一篇记载一大类官职。虽然看起来写的是各种各样的官职,但其实这是一本记录各种规矩的书,因为这本书详细地记载了大大小小的官员能使用什么等级的礼仪，听什么音乐，穿什么衣服，坐几匹马拉的车，祭祀的时候使用什么样的礼器。所以，这本书也成了一本记载礼仪制度的重要经典。

再来看《仪礼》。在"三礼"里，《仪礼》这本书是完成得最早的一本。很多历史资料都记载说，《仪礼》是孔子和他的学生们编订的，而且，孔子在教学的时候应该是把《仪礼》当作教材使用的。有的学者认为，《仪礼》最开始应该有五十六篇，但经过秦朝焚书坑儒之类的灾难，大量篇目都失传了，只留下了一个十七篇的版本。所以，《三字经》里面才说《仪礼》一共有十七篇。

再看看最后一本《礼记》。礼记这本书有两个主要的版本：一个叫《大戴礼记》，一般被认为是戴德编写的《礼记》，但到底是谁编写的，学界还有争议；一个叫《小戴礼记》，也就是戴德的侄子戴圣编写的《礼记》。我们通常说的《礼记》，指的是《小戴礼记》。戴德不仅是戴圣的叔叔，还是戴圣的老师，所以就算是《小戴礼记》，也凝聚着戴德和戴圣两个人的学问。

《礼记》主要有四十六篇，也有的版本把它分成了四十九篇，每一篇都是一个专题。《礼记》不仅记载了周朝的各种礼仪制度，还对《仪礼》的内容进行了比较详细的解释，并且记载了孔子和学生学习礼仪、使用礼仪的许多故事。

孔子"清场式"射箭

《礼记》中有这样一个故事,很有意思,是关于孔子的。

当时孔子在学宫里的射箭场上练习射礼,旁边站了好多人在看,围观的人密密麻麻的,像一堵人墙一样。虽然观众这么多,孔子还是要按照礼仪一步一步来,没有一上来就开始射箭。按照标准的礼仪规范,孔子先演练了饮酒礼,然后在下一个礼仪步骤的时候,他叫来了学生子路,让子路拿着箭矢,对一起射箭的人说:

"大家听着啊,打过败仗的将军,导致诸侯国灭亡的大夫,还有贪图财产的人,这些人是不能进来射箭的!"

听完这话,有一半人离开了,另一半人进入了射箭场。

接着,孔子又让自己的另外两个学生举起酒杯,对大家说:

"我来问问啊,如果场上有能够在年轻的时候做到孝顺父母、尊敬兄弟,在年老的时候做到爱好礼仪,不随波逐流的人,就请你们进来,站在射箭的位置上吧!"

听到这句话,大概又有一半人离开了射箭场,另一半人留了下来。

最后,孔子的学生又举起酒杯说:

"如果场上还有能够一直热爱学习、崇尚礼仪,到老都能保持自己的德行不受到影响的人,就请继续留在射箭的位置上吧！"

这一下，大部分人都走了，只有少数几个人还留在射箭场上。

《礼记》里记载的这个孔子射箭的故事，反映出在当时，只有有德行的人才有资格参加射箭这样的礼仪活动。所以你们看，从这个故事就能看出来，《礼记》不仅包含礼仪相关的知识，还包含了大量做人的道理。"四书"里的《大学》《中庸》这两篇，都是《礼记》里的文章。在《周礼》《仪礼》和《礼记》这三本书里，《礼记》的内容可以说是最丰富的，也是最有教育意义的，所以，《礼记》后来就取代了《仪礼》的地位，成了经典。

为什么要知道"礼"？

《礼记》记载的周朝的礼仪制度，影响了中国好几千年。有研究表明，在中国的封建时代，绝大部分的乡村社会，主要是通过礼仪等行为规范，来保持社会秩序的稳定。这种用礼仪制度来维持社会秩序的方式，叫作"礼治"。

但是，大家想一想，如果一个社会只用礼仪和习俗来维护秩序，会不会出问题？当然会出问题。如果每个人都只是依照老祖宗留下的规矩办事，只能听从长辈和老人的话，不仅每个人都很难有自己的个性，大家的身份和等级也会被划分得很死，这个社会也就不可能维持真正的公平公正。

而我们现代社会是法治社会。什么是法治社会？就是这个社会拥有一套比较完整健全的法律制度，法律会很清楚地规定每个人享受到什么样的权利，又拥有什么样的责任和义务，政府和社会也是依据明确的法律来治理、运转的。

可能你又要问了：那我们现在还要看什么《礼记》啊，难道要学习那套已经被历史淘汰的礼仪制度吗？难道现在要恢复那套礼仪制度吗？

这当然是不可能的，也是不应该的。但通过《礼记》，我们能了解中国古代社会的礼仪制度，乃至明白中国几千年来的传统文化如何一步步发展至今，留下了哪些影响，形成了

我们这个民族的哪些特点……这些研究是有意义的。

当然，这里面有很多事是专业的学者和研究者要做的，作为普通人，我们如果能知道"三礼"指哪三本书，《礼记》主要说了些啥，其实也是挺好的一件事，对不对？

> 周礼者，著六官。仪礼者，十七篇。
> 大小戴，集礼记，述圣言，礼法备。
>
> 《周礼》记载了周朝朝廷的六大类官职制度，《仪礼》一共留下来了十七篇内容。汉朝的儒学家戴德和他的侄子戴圣一起被人们称为"大小戴"，他们整理资料，编订并注释了《礼记》这本书，用来记录和传扬圣贤的言论和著作，使得关于礼仪的典章制度和资料变得更加详细完整。

48 什么是『春秋笔法』?

王迹息,春秋作。寓褒贬,别善恶。

《春秋》这部书是怎么完成的?

什么是"春秋笔法"?

"春秋笔法"有什么具体的例子?

不知道你们有没有听说过一个词,叫作"春秋笔法"。

前文在讲季节的时候说过,春天、夏天过去,秋天、冬天就会到来,季节的变换永远不会停止,古人也曾经根据人世间的四季变化,来书写人们的故事。所以我们中国有一个历史时期就叫春秋时期。

春秋时期主要指的是东周开始后的将近三百年的时间,之所以把这段时间叫作春秋,主要是因为当时的诸侯国鲁国有一部记录历史事件的经典史书叫作《春秋》。后来,《春秋》这部书经过了很多儒家学者的整理和编订,成了儒家"六经"里重要的一部。在《三字经》里,也有关于《春秋》这部经典的内容:

"王迹息,春秋作。寓褒贬,别善恶。"

意思是说，随着周王室统治的逐渐衰落，《春秋》这部经典出现了。《春秋》这部书中，简单的文字里包含着作者的褒贬评价，人们能从中看出善和恶的区别。

而《春秋》中这种看上去不带情绪色彩，实际上却包含了褒贬评价的文章写法，就是人们所说的"春秋笔法"。

《春秋》是部什么书？

要了解什么是"春秋笔法"，我们先要来了解一下《春秋》这部书。

在周朝的时候，诸侯国里会有专门的史官，他们负责记载国家发生的各种事情。正是因为有这些人的存在，好几千年后出生的我们才能够知道，当时到底发生过什么重要或者有意思的事情。

周朝有一个诸侯国叫作鲁国。在东周时代，鲁国的史官记录了鲁国内和鲁国外的很多重要事件。目前流传下来的《春秋》这部书，记载了鲁国十二代君主，一共二百四十多年的历史事件。有史料记载说，《春秋》这部经典的作者是儒家学派的创始人孔子。这样的说法是有争议的，毕竟这部经典应该也包含了很多鲁国史官的记录。但无论如何，《春秋》这部书一定是经过孔子之手的，有学者认为，孔子很有可能是在收集了大量的鲁国历史资料之后，对这些历史资料进行了整理,甚至进行了一些修改,最后编写出了《春秋》这部书。

为什么要编《春秋》?

孔子为什么要编写《春秋》呢?对于这件事,儒家学派的另一位大思想家孟子进行了解释。

按照孟子的说法,孔子感觉当时周王室对国家的控制实在太弱了,天下已经不再太平,社会上出现了各种各样的学说,有的甚至极为荒谬;很多地方还出现了暴虐的行为,比如有臣子杀死君主的,有儿子伤害父亲的。对于这种情况,孔子感到非常担心和恐惧,所以就编写了《春秋》。

孟子接着记录了孔子说的一句话:"知我者其惟《春秋》乎!罪我者其惟《春秋》乎!"意思是,了解我的人,恐怕就是通过这部《春秋》吧!那些怪罪我的人,恐怕也是因为这部《春秋》吧!

这句话背后的意思是,那些了解孔子的人,应该从《春秋》这本书里明白了善恶的道理;那些怪罪孔子的人,可能自己做过一些违反礼仪伦理的事情,或者是一些想要谋权篡位的"乱臣贼子",他们担心自己的行为被孔子通过《春秋》这样的书给揭露出来。

从孟子的解释来看,孔子编写《春秋》,主要就是为了记

录当时周朝社会的各种现象，尤其是那些违反了礼仪和伦理的现象。孔子之所以这么做，也是想通过《春秋》里的各种历史事件来教育学生和百姓，让他们明白礼仪的要求，知道什么是善的行为，什么是恶的行为，从而改变社会风气。这也是为什么《三字经》要说，《春秋》包含着作者对于历史的褒贬评价，有着善和恶的区分。

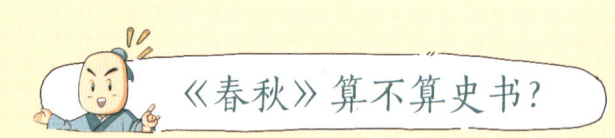

《春秋》算不算史书？

但也正因为这样，不少学者认为《春秋》不是一部纯粹的历史著作。

比如民国时代的大学者胡适就觉得，《春秋》顶多算是一本儒家的教学参考书，不能被当作一部标准的史书来看待。胡适表示，历史的宗旨在于"说真话，记实事"。也就是说，历史材料应该保证公正、客观，只记录客观的事实就行了，不应该过多包含作者的观点和评价。所以，在胡适眼里，《春秋》的宗旨不是记录客观事实，而是体现作者自己对历史的评价，有点"夹带私货"的嫌疑，用现在互联网流行的话来说，叫"带节奏"。

我们先不说《春秋》算不算史书，就来看看它是怎么"夹带私货"，体现作者对于历史人物和事件的评价的。

《春秋》的作者表达自己的主观态度，可能只是在书中某一句话里用了某一个字。大家千万别小看这一个字的效果，汉语博大精深，很多时候，我们说话时多一个字、少一个字或者换一个字，表达出来的意思就会有很大的不同。

有一个成语叫"微言大义"，指的是通过非常精妙的小细节来说明深刻道理的表达方式。《春秋》就是微言大义的典范，进而形成了这部书独特的语言运用方法——"春秋笔法"。

什么是"春秋笔法"？

春秋时代，诸侯国之间经常会发生战争。在我们的汉语里，有很多字都可以表示战争。

比如"出征"的"征"字，就是一个褒义词，一般指的是君主对臣子发动的战争,或者有道德的君主对没有道德的君主发动的战争。如果在记录战争的时候,用"征"这个字,那么读者就会觉得,这是一场正义的战争。

除"征"以外,"伐"这个字也可以表示战争。一般来说,"伐"是一个中性词,指的是诸侯国和诸侯国之间的战争,交战双方是平等的,没有哪一方是特别正义的,也没有哪一方一定是邪恶的。当然,有的时候,"伐"也会带有一定的褒义色彩。

而"侵略"的"侵","偷袭"的"袭",就带有明显的贬义色彩。这两个字,一般都指的是没有宣战就发动的侵略战争,不过这两个字之间也有一点差别。"侵"这个字主要强调出击没有什么理由,而且没有使用钟鼓来完成出战之前的礼仪。"袭"这个字主要强调的是趁别人没有防备突然发动的进攻,很多时候指的是偷袭。

我们在后文会讲到一部根据《春秋》完成的历史著作《左传》,其中就包含了大量春秋笔法的具体案例。就拿战争来说,《左传》里面讲了一个"郑伯克段于鄢"的故事。"郑伯"指的就是郑国的国君郑庄公,"克"是攻克、战胜的意思,"段"指的是郑庄公的弟弟共叔段,"鄢"是一个地名。这个故事主要写的就是郑庄公在鄢这个地方,击败了自己的弟弟共叔段。

这句话只有短短的六个字,却也包含了春秋笔法。

你们看,郑庄公的最后一个字是"公"。在周朝,"公"

这个字既可以作为爵位，也可以作为尊称，从爵位的角度来看，"公"的地位是高于"伯"的。郑庄公作为郑国的国君，他的爵位是"伯"，但尊称是"公"。可是，在《左传》的这句话里面，作者却不叫他"郑庄公"，只叫他"郑伯"，这一个"伯"字，其实就稍微降低了郑庄公的身份和地位。

作者之所以要这么做，就是在讽刺郑庄公，连自己的亲弟弟也管不好，任由弟弟胡作非为，导致了自己最后要和亲弟弟打仗。换句话说，在作者眼里，郑庄公的弟弟共叔段会谋反，作为哥哥的郑庄公对此也有缺乏教导的责任。因为兄弟之间相互残杀的这场战争本身就不符合礼和义的要求，所以这场战争的交战双方都有错，只能叫作"攻克"的"克"，算不上是完全正义的国君对臣子的讨伐战争。

我们接着看，"段"这个字其实也包含了春秋笔法。要知道，在古代，直接称呼别人的大名是非常不礼貌的行为。作者在这里直接称呼其名"段"，完全不提他的身份和地位，其实就是在指责他不忠诚、不仁义地对哥哥发动谋反这件事。

通过"郑伯克段于鄢"这短短六个字，我们应该就能体会出春秋笔法是怎么把对历史人物和事件的褒贬评价，藏在精妙的语言细节里的。不过，我们也要知道，虽然作者在记录历史的时候使用了春秋笔法，但这并不代表《春秋》记载的历史事件是假的，只能说，这些历史事件是用一种孔子所代表的儒家学派的视角来记录的，体现的是一种儒家学派的观点。

限于篇幅，对春秋笔法的介绍只能开一个头，在后文介绍《左传》的时候，我会继续和大家聊。

> **知识卡**
>
> **王迹息，春秋作。寓褒贬，别善恶。**
>
> 随着周王室统治的逐渐衰落，《春秋》这部经典出现了。在《春秋》这部书里，简单的文字里包含着作者的褒贬评价，人们能够从中看出善和恶的区别。
>
> **春秋笔法**
>
> 一种看上去不带感情色彩地叙述，但实际包含了褒贬评价的写作手法。

49 读《春秋》，为何要搭配这三本书？

> 三传者，有公羊，有左氏，有穀梁。
>
> 《春秋三传》是哪三本书？
>
> 这三本书在哪些时代最为流行？
>
> 《公羊传》和《穀梁传》有什么不同之处？
>
> 《左传》里的内容是百分之百真实的吗？

上一篇我们聊了《春秋》和"春秋笔法"，但是，你如果真的去买一本《春秋》来读，很有可能会发现一个问题：

眼前这句话你可能每个字都认识，但看完以后，还是不知道作者到底在表达什么。

毕竟在《春秋》这本书里，那些春秋时期很重要、很有名的历史事件和战争故事，基本都是用一句话就讲完了，也不会告诉你具体的细节。所以，就算是古代的读书人，想要直接读明白《春秋》，都是很困难的事情。

正是因为《春秋》这本书很难直接读懂，所以从古到今有非常多的学者对它进行了注释和研究，有的历史学者还在《春秋》的基础上书写春秋时代的历史。在这些解释《春秋》的历史文化经典里，有三本特别重要，被称为"春秋三传"。

《三字经》里有一句话是介绍这三本书的:"三传者,有公羊,有左氏,有穀(gǔ)梁。"意思是说,"春秋三传"指的是《公羊传》、《左传》和《穀梁传》。

这三本书虽然都在解释和拓展《春秋》,但具体内容还是不太一样的。

《公羊传》:先发优势

《公羊传》又名《春秋公羊传》,这本书和动物并没什么关系,之所以叫这个名字,是因为旧说它的作者是战国时期的儒学家公羊高,于是就用公羊高的名字来命名了。据说,这个公羊高的老师是子夏,而子夏的老师是孔子,所以,可以说公羊高是孔子徒弟的徒弟,也就是孔子的徒孙。

《公羊传》这本书只有四万多字,基本上就是把《春秋》里的每一句话,作者为什么用这个词、到底是什么意思给解释了一遍。换句话说,《公羊传》主要就是解释《春秋》所使用的春秋笔法的。

《公羊传》最初是师徒口授相传,直到西汉才由公羊高的后人公羊寿及其弟子胡毋生(或被记载为"胡母生")定稿成书。在西汉初年,公羊学派产生了两个代表人物,一个叫胡毋生,另一个叫董仲舒,汉朝的皇帝把这两个人任命为博士,相当于现在最高学府的专家级教授,他们都对《公羊传》有着很深入的研究。

董仲舒这个人就更有名了，正是他后来说服了汉武帝"罢黜百家，独尊儒术"，让儒家学说成了中国封建社会几千年来的官方正统学说。董仲舒对于《春秋》和《公羊传》也有着自己的解读，他认为《公羊传》和《春秋》有一种重要的政治思想，那就是要让整个天下回归到天子的掌控之中，这可以说是一种"大一统"思想。毫无疑问，这种思想是很受皇帝喜欢的，汉武帝很欣赏董仲舒的儒学理论，《公羊传》这本书的地位也一下子高了起来，成了西汉初年官方学术界非常关注的热门经典著作。

《穀梁传》：逆风翻盘

和《公羊传》相比，《穀梁传》的影响要稍微小一点。

《穀梁传》又名《春秋穀梁传》，也是用作者的名字来命名的，旧说它的作者是战国时期的学者穀梁赤，其正文两万三千多字。据说穀梁赤也是子夏的学生、孔子的徒孙。《穀梁传》最初也是口授相传，最终在西汉的时候编写完成。

《穀梁传》和《公羊传》这两本书都在解释《春秋》的句子，都宣扬了儒家的思想，那么它们又有什么不同呢？

《公羊传》包含的一种思想是，人在必要的时候，可以为了天道和正义牺牲掉家人，也就是我们常说的"大义灭亲"。

相比起来，《穀梁传》就不怎么提倡大义灭亲这种行为了，更提倡一个大家族之间，亲人和亲人要和睦相处，有什么好处要先和最亲的人分享。你们看，《穀梁传》鼓励把权力分享给亲人，皇帝肯定不喜欢。所以和《公羊传》相比，《穀梁传》在西汉初年并没有得到太多的重视。

到了西汉的中后期，《穀梁传》开始得到皇帝的重视了。因为在这个时期，国家大一统的局面已经形成，皇帝的权力已经巩固了，这时候，皇帝就希望《穀梁传》里那种崇尚用仁义和礼乐来教化百姓的思想得到普及，这样能让国家更加稳定，社会更加和谐。

而且，有学者认为，在《公羊传》所提倡的"大义灭亲"思想的推动下，西汉初年的时候汉朝的贵族和皇室之间出现了很多政治斗争。在比较推崇《公羊传》的汉景帝、汉武帝等时代，出现过不少皇室内部的流血事件，汉武帝在年老的时候，甚至杀死了自己的亲儿子。

到了西汉中后期，有一任皇帝叫汉宣帝，他也遭遇过皇室内部的政治斗争，所以他对于认可"大义灭亲"思想的《公羊传》不太满意，更喜欢崇尚家族内部和睦、和谐的《穀梁传》。于是，汉宣帝在官学里任命了专门研究《穀梁传》的博士，如此一来，《穀梁传》在汉朝逆风翻盘，又比《公羊传》更流行了。

《左传》：流传最广

在汉朝灭亡之后的魏晋时代，学者们对于《公羊传》和《穀梁传》的研究变得越来越少，他们开始更关注《左传》这本书。

《左传》原来叫《左氏春秋》，汉代时叫《春秋左氏传》，汉代以后一般叫作《左传》。之所以叫《左传》，是因为大多数人认为这本书的作者是春秋时代的学者左丘明[①]。左丘明和孔子是同一个时代的人，曾经在鲁国做史官，是专业的历史学者。按照史书的记载，左丘明很有可能是孔子的好朋友，因为他曾经推荐孔子去做官。孔子也在自己的作品里提到过左丘明，夸他是个君子。史书上说，左丘明担心自己的学生会产生异端思想，就根据孔子编写的《春秋》完成了《左传》。

不过，左丘明毕竟是专业的史官，所以他的这本《左传》记载的内容要比《春秋》多不少，每个历史事件也写得非常详细。我们从字数就能看出来：孔子编写的《春秋》不到两万个字，《公羊传》四万多个字，《穀梁传》只有两万三千多个字，而《左传》竟然写了将近二十万字。

很多重要的历史事件，在《春秋》里可能只有十几个字，一句话就写完了，但是《左传》用了几百上千字来描述。比

[①] 旧传《左传》为左丘明所撰，清今文经学家认为系刘歆改编。——编者注

如在描述战争的时候,《左传》不仅会记录各种战争的细节,还会记载各种人物说的话,甚至连他们在战争之前做的噩梦都会记载,也会记录一些神怪的故事。

但这样一来,很多学者就觉得《左传》里面的部分记载有点不靠谱。

举个例子,《左传》曾经记载了一个刺客,按照晋国国君的命令,要去刺杀晋国的执政大臣赵盾。一天清晨,这个刺客埋伏在赵盾家门口,准备把赵盾杀掉。这个刺客透过赵盾家的门,看见赵盾早早地起床,虽然看起来很困,但还是穿好衣服,等着去上朝工作。刺客看到这个情景,忍不住感叹:

"哎呀,这个赵盾时刻不忘恭敬国君,真是晋国老百姓的依靠啊,我如果把他给杀了,就是对国家不忠诚。可是我如果不杀掉他,就是背弃了国君的命令。这可怎么办呢?我不如自杀算了!"

结果,这个刺客竟然一头撞到槐树上,把自己给撞死了。

虽然这个故事听起来很有正义感,但你们觉得有没有问题?这个刺客死前应该也没写遗书吧,那别人是怎么知道这个刺客自杀前的想法的呢?大学者钱锺书就觉得,这个故事应该类似于一篇小说,这个刺客死前说的话,是左丘明的猜想。所以,有的学者就认为,《左传》记载的一些历史细节不一定是真的,可能有作者虚构的成分。

尽管如此,《左传》依旧是"春秋三传"里史料记载最丰富、可读性最高,也是流传最广的一部作品。它不仅代表了古

代史书的较高水平，也具有很高的文学性，后人研读《春秋》，都是以《左传》为基础，再辅以《公羊传》和《穀梁传》。

最后顺带提一句，熟悉《三国演义》的都知道，关羽在行军打仗的空闲时间，最喜欢看的就是《春秋》。

但我们在前文说过，《春秋》其实是非常枯燥的，基本上没有什么文学欣赏价值，关羽哪读得进去啊。因此，关羽其实读的是《左传》。这么一想，就可以理解了对不对？

三传者，有公羊，有左氏，有穀梁。

"春秋三传"指的是《公羊传》、《左传》和《穀梁传》。

元典篇

50 《尔雅》：中国古人的百科全书

> 尔雅者,善辨言,求经训,此莫先。
>
> 《尔雅》是什么意思?
> 《尔雅》的具体内容是什么?
> 我们怎么使用《尔雅》这本工具书来帮助阅读经典文献?

在互联网时代，还有多少人有查词典的习惯，或者查过词典？

其实，对低年级的同学来说，查字典或者词典是学会读书认字的重要方法。当然，这并不是说到了高年级，就不用查字典或词典了。很多中学生和大学生，也经常需要查词典来学会新的、高级的词语表达。更多时候，中小学生还要查古汉语词典，从而正确地理解课本和试卷里的文言文的意思。

那么，古代人会查字典吗？他们有字典吗？

当然有。前文在讲解"六书"的时候，讲过了我们中国的第一部字典《说文解字》，本篇我们讲一下中国的第一部词典《尔雅》。

《三字经》里有一句话讲的就是《尔雅》这本书："尔雅

者，善辨言，求经训，此莫先。"意思是，《尔雅》的内容能让我们分辨出词语的含义，所以，我们如果要寻找那些经典文章的解释，读什么都不如读一读《尔雅》。

《尔雅》是怎么来的？

很多学者认为，《尔雅》这本书最早是在战国时期完成的，因为里面出现的一些资料、提到的一些动物，都是战国时期才出现的。在西汉初年，汉文帝曾经将《尔雅》与《论语》《孟子》《孝经》一起设立博士职。所以说，《尔雅》这本书在汉朝肯定已经完成了。

目前我们看到的《尔雅》，也是源于汉朝时期的文献资料。《尔雅》的"尔"，意思是接近，"雅"在这里指的是"雅言"，"尔雅"也就是合乎规范的标准语，简单来说，就是两千多年前中国的标准普通话。

这个书名的意思就是，这本书能帮读者去理解当时的标准普通话。人们可以通过《尔雅》，用当时最标准的"雅言"，来解释古时候的词语或者方言。

直到今天，人们也没办法确定《尔雅》究竟是谁写的。大部分人都认为《尔雅》的作者不止一个，它凝聚了很多古人的智慧。有的学者认为，《尔雅》的第一位作者是周朝的开国元勋周公旦，这本书的第一篇文章《释诂》应该就是周公旦写的,后面的十几篇文章是后代的学者补充的。也有学者觉得,孔子可能也给这本书贡献过几篇文章,因为孔子就曾经向人推荐过《尔雅》,应该也是研究过《尔雅》的。根据《大戴礼记》的记载,有一天,鲁国的国君鲁哀公问孔子:"我应该学习什么才能更好地治理政事呢?"孔子就给他推荐了《尔雅》这本书,说:"《尔雅》以观于古,足以辨言矣。"意思是,《尔雅》是用来研究古代的语言的,学了这本书,人们就足够去辨别语言了。《三字经》里说的"尔雅者,善辨言",很有可能源自《大戴礼记》的这句话。

《尔雅》说了啥?

有一种考证认为,《尔雅》最初有二十篇内容,但有一篇失传了,所以现在我们只能看到十九篇。

作为一本词典,《尔雅》这十九篇分别记载了十九个类别的词语,数量非常多,一共有四千多个词语,两千多个条目。这十九篇内容,大概可以分成六类。第一类是专门用来解释某个字或某个词的意思的,有三篇;第二类是关于人的亲属称谓以及礼仪用品和生活用品的,有四篇;第三类是关于天文的,只有一篇;第四类是关于山川河流这样的地理知识的,一共四篇;第五类是关于鸟兽虫鱼这些动物的,有五篇;第六类是关于植物的,有两篇。

这些内容加在一起，可以说是非常全面地覆盖了当时的大部分生活用词。尤其是后十六篇，差不多相当于一本百科词典，能让当时的读者大开眼界。

就拿动物这一类来说，《尔雅》非常清楚地告诉你，很多字、词看起来意思差不多，但其实指的是不一样的东西。比如我们一般以为"虫"和"豸"（zhì）这两个字是同一个意思，但其实有脚的虫才叫"虫"，没有脚的虫叫"豸"。还有"狗"，如果高度超过四尺（差不多相当于今天的 133 厘米），那就不应该叫狗，应该叫"獒"（áo）——藏獒的獒。

古人为什么读《尔雅》？

在古代，如果你能够把《尔雅》这本书给

读熟了，你就能当一个博物学家，很轻松地辨别别人认不出的动物和植物。这种本事不仅能让你得到人们的尊敬，还可能让你得到皇帝的赏赐。

根据记载，在汉朝的时候，有一天，汉武帝得到了一只小老鼠，它身上有豹纹一样的纹路，非常有意思。但是，汉武帝不知道这个品种的老鼠叫什么，就问那些大臣。这时候，有一个叫作终军的小官说："我认得啊，《尔雅》里面有一句话'豹文，鼮（tíng）鼠'，说的就是那种身上有豹纹的老鼠，它叫作鼮鼠。"汉武帝一听，非常高兴，赏赐了这个人一百匹绢布。这件事也鼓励了当时的大臣们更认真地去阅读和研究《尔雅》。

虽然《尔雅》是一本用来解释词语的工具书，但它的语言非常简略，所以后来很多学者又给《尔雅》写了注释。晋朝的时候，有一个叫郭璞的学者，他写的《尔雅注》就是一部注释《尔雅》的经典作品。在《尔雅注》里，郭璞给我们示范了应该怎么在《尔雅》的帮助下去阅读那些经典作品。

比如，《尔雅》介绍了各种各样的枣子，有要枣、酸枣、羊枣等等。就拿羊枣来说，为了方便读者理解，郭璞在旁边注释说，这种枣子之所以叫羊枣，是因为它的果实又小又圆，颜色是紫黑色，看起来就像是羊拉的便便一样，也被人称作"羊矢枣"。这还没完，郭璞继续写道：《孟子》这本书里，有一句话是"曾皙嗜羊枣"，意思是说，孔子的学生曾子的爸爸曾皙，就很喜欢吃这种看起来像羊屎蛋的羊枣。曾皙的儿子曾子特别孝顺，曾晳去世以后，曾子为了悼念自己爱吃羊枣的爸爸，再也不忍心吃羊枣了。

这个故事也显示出，《尔雅》这本书能够帮助我们更容易地理解《孟子》之类经典作品的内容。所以《三字经》里才说，如果要寻找那些经典文章的解释，读什么都不如读一读《尔雅》。

> **尔雅者，善辨言，求经训，此莫先。**
>
> 《尔雅》的内容能让我们分辨出词语的含义。所以，我们如果要寻找那些经典文章的解释，读什么都不如读一读《尔雅》。
>
> **《尔雅》以观于古，足以辨言矣。**
>
> 出自《大戴礼记》，是孔子对鲁哀公说的话。意思是，《尔雅》是用来研究古代的语言的，学了这本书，人们就足够去辨别语言了。

知识卡

元典篇

51 "注疏"是什么意思？

> 注疏备，十三经。惟大戴，疏未成。
>
> 儒家十三经的概念是怎么来的？
> 注疏是什么意思？
> 注疏主要有哪些功能，它的意义是什么？

在这一篇之前，我们已经聊过了很多儒家的经典，相信大家对于"儒家经典"这四个字，应该多少有了一些概念。其实最早的儒家经典，就是我们在前文讲过的《诗》《书》《礼》《易》《乐》《春秋》这"六经"，但可能也有人听说过一个叫"十三经"的概念，也就是儒家学说最重要的十三部经典。

"十三经"是怎么来的？

"六经"是如何扩展为"十三经"的呢？

在《乐经》失传之后，传统的"六经"变为"五经"。

但是，随着儒家学说越来越盛行，到了唐朝的时候，官方的学校把《礼记》《周礼》《仪礼》这"三礼"和《左传》《公羊传》《榖梁传》这"春秋三传"与《诗》《书》《易》称作"九经"。到了唐文宗刻石经时，《论语》《孝经》《尔雅》被列入经部，南宋时《孟子》又被列入，这下子，儒家经典就从原来的"五经"，变成了"十三经"。

在此以后，这个数字就没变过，所以千年来大家公认的儒家经典，就是这十三经。

《三字经》的作者王应麟正是南宋时候的学者，所以，他也系统了解过十三经这个概念，并且在《三字经》里面提到了十三经：

"注疏备，十三经。惟大戴，疏未成。"

意思是说，人们对于儒家这十三部经典的注释和解读已经比较完备了，只有《大戴礼记》这一部经典，没有完备的注疏。也许正因为如此，我们常说的儒家十三经里的《礼记》，通常指的是注疏比较完备的《小戴礼记》，而不是《大戴礼记》。从这个角度来看，一部学术作品能不能成为经典，不仅和这部作品的内容有关，还和后人愿不愿意花功夫研究它，给它做注释有关。如果人们都愿意研究某部学术作品，给它做各种各样的解读注释，那这部作品就更有可能成为经典。

几百年来，许多文人学者对这十三部经典做了注释解读。南宋之后，这些注本开始合刻。到了清朝的时候，有一个叫阮元的学者，根据宋朝的底本重新校对刻印，编成了一部叫作《十三经注疏》的书，这本书让现在的我们可以轻松地看到学者对于十三经的优秀注疏。

什么是"注疏"？

话说回来，我们说了半天"注疏"，什么是注疏呢？

所谓"注"，就是对经典文章里的字、词语或者句子的注解。但是，有些经典太古老了，这就导致当初的那些古老的注解也让人有点看不懂，所以必须对那些注解进一步进行解释，同时疏通文义，这是"疏"。

所以，"疏"就是在疏通文义的同时，对"注"进行注解。

注和疏的用处非常多。首先，它们能够让读者理解那些经典作品最基本的字义、词义和字词的读音，或者让读者明白，书里的某个字其实是通假字，本来应该写成另一个字。其次，注和疏能让读者明白那些经典作品的语法和修辞手法，比如，我们如果想知道前文讲过的春秋笔法的具体使用情况，就可以去看一看"春秋三传"，以及学者对于"春秋三传"的注疏。此外，注和疏还能让读者明白经典作品里的一些专有名词和相关的历史故事或者传说。甚至有的时候，学者会把整个故事都放在注疏里面。

举一个《水经注》里的例子。

从名字就能看出来,《水经注》是对《水经》这本地理学著作的注释解读。

《水经》这本书虽然记载了古代中国一百多条河流的情况,但是全文只有一万多字,记载得特别简单,如果不加上注释,读者很难看懂。在这种情况下,北魏时的学者郦道元就用了很多年的时间,结合自己丰富的学问知识,给《水经》做了注,这就是《水经注》,写得非常详细,足足有三十多万字。

例如,《水经》提到过浊漳水这条古代的河流,只花了两百多个字。但在《水经注》里,对于此河流的注释有整整一卷,一万多个字,不仅说明了这条河流流域的地理知识,还补充了不少有意思的故事,来解释一些湖泊名和地名的由来。

比如,它记录浊漳水在流过武强县的时候,流经一个大湖,叫作武强渊。照《水经注》的记载,传说,在很多年以前,有一天,乡里有一个人走在路上,看到了一条小蛇。一般人看到蛇,应该还是会有点害怕的,但这个人比较特别,他觉得这条小蛇可能有点灵气,就把这条小蛇带走,每天带在身边养着,还给这条蛇取了个名字,叫作担生。结果这条蛇越养越大,大得连人都能一口吞掉。

这下,县里的人都觉得,这条蛇的危害可太大了,于是不由分说就把这个养蛇的人给逮捕了,这下可闯了大祸。担生这条巨蛇看到主人被关起来了,背上自己的主人就离开了这里。这条巨蛇又引发了很大的洪水,竟然把县城都淹没了,把那里变成了一个大湖,住在那里的县长和其他官吏都变成了湖里的鱼。

这就是武强渊这个大湖的由来。

当然,我们用现代的眼光来看,这个故事不可能是真的。但里面有没有可以参考的成分呢?可能还真有。比如很可能在古时候,这里发过一场洪水,洪水淹没了县城,淹死了很多人,把这个地方变成了一个大湖泊,这个湖泊因此被称作武强渊。

大家可别小看这个传说故事,虽然这个故事只是被记载在《水经注》这样一本地理学著作上,但产生了很大的影响。大文学家鲁迅先生曾经在北京大学讲授"中国小说史"课程,他做过一些关于中国小说变迁的研究。从鲁迅搜集的资料来看,《水经注》里记载的关于担生这条大蛇的故事,后来成了很多中国古代小说家的创作素材和灵感来源,在接下来的一千多年里,出现了好几个不同的版本。著名的志怪小说《聊斋志异》里有一篇故事叫作《蛇人》,它有可能就是由《水经注》里的这个故事慢慢演变出来的。

《水经注》这本书还反映了一个有意思的现象,那就是,如果一部经典作品太过简略,一般人都看不懂,那么这本书的注疏,反而很有可能取代它,成为更有名的经典。

比如《左传》《公羊传》《榖梁传》这"春秋三传",一开始实际上是对《春秋》这本书的注释解读，但是后来，这三本书就取代了《春秋》，成了儒家十三经里的三部经典。这三本书成了经典之后，后世的学者又对这三本书做了新的注疏。《水经注》这本书也是这样，当人们提到中国古代最经典的关于河流的地理学著作时，往往会说《水经注》，而不是《水经》。

所以，有的经典作品的注释版比原作本身更有名、更有意思、更有干货，更值得我们来阅读。这大概就是学者为经典作品注疏的意义吧！

> **知识卡**
>
> 注疏备,十三经。惟大戴,疏未成。
>
> 人们对于儒家这十三部经典的注释和解读已经比较完备了,只有《大戴礼记》这一部经典,没有完备的注疏。

52 史书为什么要分类别?

左传外,有国语。合群经,数十五。
"国语"为什么叫这个名字?
《国语》主要有哪些内容,有什么特点?
史书主要有哪些分类?

我们在前文讲过《左传》的内容,也提到过左丘明。据说,旧传左丘明除了写过《左传》,还写了另一本历史著作,叫作《国语》。

《三字经》里也提到了这本书:

"左传外,有国语。合群经,数十五。"

意思是说,除了《左传》这本书,还有一本叫《国语》的经典。这两本书和儒家的其他经典加在一起,一共有十五本。

有一个小细节需要注意一下,这里提到的"十五"这个数字,应该是之前提到的"十三经",再加上《大戴礼记》和《国语》这两本。

《国语》是本什么书？

和很多经典作品一样，《国语》到底是谁写的、是什么时候写成的，在学界也有争议。

按照汉朝著名的历史学家司马迁的说法，《国语》这本书是春秋时代的左丘明在眼睛失明之后写成的。因为左丘明已经写过一本《左传》了，所以人们把《国语》叫作《左氏外传》。但是，也有很多学者质疑司马迁的说法，认为这本书应该是战国之后的学者完成的。

《国语》这本书从西周中期的事开始记载，一直到春秋和战国交接的年代，足足记录了五百多年的历史，这个时间跨度是《春秋》的两倍还多。

《国语》之所以叫这个名字，是因为这本史书是按照国家来记载历史的。我们知道，在春秋时代，天下有很多诸侯国不再受到周王室的直接控制。正是因为这种特殊的历史环境，《国语》的作者才选择按照国家来记载历史，比如鲁国、晋国、郑国，都是单独列开。

这种以国家为单位，分别记叙历史事件的史书，叫作"国别体"史书。

一般来说，如果历史学家选择用国别体来记载历史，那么在这段历史时期，国家很有可能是处在分裂的状态下的。比如，汉朝灭亡之后，分裂成了魏、蜀、吴三个国家，也就是我们很多人熟悉的三国时期。记载三国时期历史的正统史书叫《三国志》，也是用国别体的方法，分别记载了魏、蜀、吴三个国家的历史。

《国语》是中国最早的国别体史书，一共有二十一卷。前三卷主要讲的是西周时候发生的一些重要历史政治事件，叫作《周语》。这三卷描述了西周是怎么慢慢变成东周的。按照《国语》的记载，在西周快要灭亡的时候，泾水、渭水、洛水这三条大河的流域内都发生了大地震。当时，就有人感慨说，看来天地之气已经不再和谐，民众也要打乱，周朝就要灭亡了。果然，几年之后，西方的游牧民族联合申侯攻破了西周的都城，把西周给灭掉了。在东周时代，除了《周语》，《国语》还记载了鲁国、齐国、晋国、郑国、楚国、吴国和越国这七个诸侯国的历史。在这七个诸侯国里，光是记载晋国历史的《晋语》就有九卷，这差不多和记录其他六个国家历史的篇幅加起来一样多。《晋语》足足记载了二百多年的历史，篇幅也超过全书的三分之一。所以，后来也有学者管《国语》这本书叫作"晋史"。

那么除了《国语》这样的国别体史书，史书还有哪些其他的种类呢？

纪传体、编年体和纪事本末体

我们之后会讲到"二十四史"，也就是中国历史上最经典的二十四部正史。这二十四部史书有一个共同点，那就是都采用了"纪传体"的形式来记载历史。

什么是纪传体？简单来说，纪传体就是用人物传记的形式来书写历史。换句话说，纪传体史书把历史拆分成了很多个历史人物，通过记录一个又一个人物的故事，来拼凑出一段比较完整的历史。当然，有些影响国家命运的历史人物，比如皇帝、王侯，或者宰相、大将军，肯定是最重要的，史官们要非常详细地去记录他们的言行举止。也有些历史人物，比如小地方的芝麻官，或者游侠、刺客、商人这样的人，就没办法特别详细地去记载了，有的人物可能只用几句话就写完了。

还有一种重要的编写史书的体裁，叫作"编年体"。

简单来说，编年体就是按照年月日这样的时间顺序来记载历史，我们之前讲过的《左传》，就是一本编年体史书，著名的史书《资治通鉴》也是编年体史书。

和纪传体史书相比，编年体史书能够清晰地展示出历史事件发生的时间顺序，让我们看到不同历史事件之间的先后关系。但是，编年体也有一些问题，因为很多重要的历史事件都持续了好几年才结束，所以在记载的时候，这件历史大事才刚开了个头，又得去讲另一件事情了，等到过了几年，在讲其他事情的时候，这件事又到了一个关键时刻，又要拿出来讲了。有时候，有些读者就会觉得稀里糊涂。

可能正是因为编年体和纪传体都没办法展示出历史事件

的全貌，所以到了南宋的时候，又出现了一种新的史书体裁，叫作"纪事本末体"。这种史书的主角不是历史人物，而是那些历史事件。史书的作者会把某个历史事件的起因、经过、结果仔仔细细地记载下来。

除了国别体、纪传体、编年体和纪事本末体这几种体裁，史书还可以分成通史和断代史。只记录某一个历史时期或某一个朝代历史的史书，就是断代史。不间断地记录很多个朝代历史的史书，就是通史。在"二十四史"中，只有第一部《史记》是通史，其他二十三部史书全部是断代史。

另外，值得一提的是，同一部史书，可能会同时具有好几种体例的特点。就拿《三国志》来说，这本书就既是国别

体史书，又是纪传体史书，还是一部断代史。所以，我们在阅读一部史书之前，不妨先搞清楚它是一部什么样的史书，这样，我们才能有所准备，有针对性地进行阅读。

> **左传外，有国语。合群经，数十五。**
>
> 除了《左传》，还有一本叫作《国语》的经典。这两本书和儒家的其他经典加在一起，一共有十五本。

53 "经史子集"是按什么分的？

经既明，方读子。撮其要，记其事。

我们一般把古书分成哪四大类？
这种书籍分类的四分法是怎么形成的？
不同的古书类别包含哪些书目？

之前我们讲了儒家十三经的概念。从名字就能看出来，十三经所包含的这些书，一般被人叫作"经"。古代的学者把书籍分成了四类，经，或者经部是其中的一个重要门类。

其他三类书，分别叫作史部、子部和集部。一般来说，一个人只有学习完经部的书，才开始学习子部的书。《三字经》里也是这样说的：

"经既明，方读子。撮其要，记其事。"

意思是说，我们把儒家的那些经典都读明白了之后，才应该开始阅读子部。我们要挑选子书里最重要的内容来阅读，记住书里那些重要事件的起因、经过、结果。

为什么这样分类？

经、史、子、集，这种古书分类的方法是怎么来的？

在西汉的时候，大学者刘歆编写了一部书，叫作《七略》，第一次给大量的书做了目录一样的分类，所以我们要谈古书的分类，肯定要提到这部书。可惜的是，《七略》原书已经失传了，我们没办法看到原文，只能知道它大概的内容。这部书把当时的图书一共分成了六大类，这种方法被人们称作"六分法"。

在汉朝灭亡之后，西晋有个叫荀勖（xù）的学者在这六种图书类别的基础上，把当时的图书分成了四类，六分法开始变成了四分法。

但荀勖的分类方法非常朴实无华，他把书分成了甲、乙、丙、丁四类。

荀勖觉得那些儒家经典是最重要的，所以把它们分成一类，叫作甲部，也就是后来的经部。但是，因为这些儒家经典里也包含了一些历史类的书，而且数量非常多，已经足够单独分成一类了，所以，荀勖就把这些史书单独拿出来，分成了一类，叫作丙部，也就是后来的史部。我们常说的"二十四史"，比如《史记》《三国志》，都是属于史部这个类别的。

在荀勖眼里，那些兵书啊，算术书啊，还有那些医学科学著作，本质上都是诸子百家的思想。所以，他就把刘歆分类的诸子略、兵书略、数术略以及某些方技略的书合在一起，称作乙部，也就是后来的子部。讲道家那种超凡脱俗的哲学精神的《庄子》、讲法家思想的《韩非子》、讲纵横谋略的《鬼谷子》、讲军事理论的《孙子兵法》这些书，都属于子部。值得一提的是，像《本草纲目》这种传统的医学著作，也是属于子部这个类别的。

而那些诗词歌赋、文学研究和文学评论作品，一般是要结成文集的。荀勖把这些作品归为丁部，这也就是后来我们说的集部。不论是专门收录大文豪苏轼个人作品的《苏轼集》，还是收录大文学家屈原、宋玉等人的同一类作品的文集《楚辞》，抑或是几乎收录了唐朝留下来的所有重要诗歌作品的《全唐诗》，都属于集部这个分类。同样，像《文心雕龙》这样的古代文学评论作品,《西厢记》《窦娥冤》这样的古典戏剧作品,也都属于集部。

甲、乙、丙、丁这四类一路演变,到唐朝的时候,就成了我们现在熟悉的经、史、子、集四大类别。

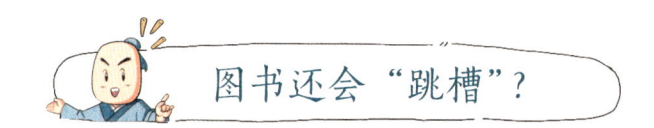

图书还会"跳槽"?

经、史、子、集这四个类别下面,往往又包含了几十个更小的类别。

因为随着时代的变化,某一本书可能之前是属于这个类别的,过段时间就"跳槽"到另一个类别了。不同的类别之间,有时候也会有一些很难区分的模糊地带。

举个例子,比如我们经常提到的魏晋南北朝的《世说新语》。这是一本笔记小说集。很多人都觉得,既然是小说集,肯定属于集部。但实际上,在诸子百家里,有一个流派叫作小说家派。这个流派里的人,专门记载老百姓们在街边聊天吹牛的那些内容。所以,在子部这个类别里,就有一个叫"小说家"的小类别。因为《世说新语》这本书主要记载的就是人们很喜欢谈论的那些历史名人的小故事,所以这本书在隋朝时被分进了子部这个大类别,归入了"小说家"这个小类别。

《四库全书》是什么？

我们古代规模最大的一套丛书，是清朝学者们编的《四库全书》，据说是收集了全天下的图书作品，内容足足有大约八亿个字！要知道，那时候可没有电脑和打印机，这八亿多个字，是全国几千个人用手一个字一个字从古书上抄写下来的。而这套书之所以叫作《四库全书》，就是因为它主要包含了经、史、子、集这四大类的书。

当然，清朝的皇帝之所以要收集全天下的书，其实也不只是为了保存这些古书。清朝的官员在抄写这些古书的时候，对很多古人的作品进行了删改，使这些作品的内容符合当时清政府的要求。这种行为看起来保存了很多古书，但同时毁坏了很多古书，甚至在某种程度上可以说是在破坏我们的传统文化。

话说回来，因为我们中国的文化历史源远流长，古书实在是太多了，所以将书按照经、史、子、集这样分类，还是方便了我们这些后来的读者的，至少降低了我们找到某一本古书的难度。

在简单了解了经史子集的概念后，大家可能不仅仅是增长了一个知识，今后在阅读古典图书的时候，也可以想一想它究竟是什么类别的书。这样有助于大家成体系地学习古典文化知识。

经既明,方读子。撮其要,记其事。

我们把儒家的那些经典都读明白了之后,才应该开始阅读子书。我们要挑选子书里最重要的内容来阅读,记住书里那些重要事件的起因、经过、结果。

知识卡

54 "三教九流"到底是什么意思？

> 古九流，多亡佚。取五种，修文质。
>
> "九流"是不入流的九种流派吗？它们的主要观点是什么？
>
> "九流十家"的说法是怎么来的？

不知道大家有没有听过一个成语叫"三教九流"？现在，这个成语泛称形形色色、各种各样的人。而在古代白话小说中，这个词有时候用来指代不务正业、游手好闲的人，偏贬义。

但你要知道，这个成语原来并不完全是这个意思，反而可以说大有来头。

三教，指的是中国古代最盛行的三个教派，分别是儒教、佛教和道教；九流，指的是从秦朝之前的春秋战国时代，一直到汉朝初年，中国最著名的九个学术流派，分别是儒家、道家、墨家、法家、名家、杂家、农家、纵横家和阴阳家。

对于"九流"这个概念，《三字经》里也有解释：

"古九流，多亡佚。取五种，修文质。"

意思是，古代那些主要的学术流派的著作，大部分已经失传了，但是我们还是能选取荀子、扬子、文中子、老子和庄子这五位思想家的作品，来培养自己的学问和气质。

那么，"三教九流"中的"九流"这个概念，到底是怎么来的呢？

儒家和道家

我们前文说过，秦朝之前，中国出现了非常多的学术流派，诞生了很多思想家。

在汉朝初年，一些历史学家就开始总结这些学术流派。西汉著名历史学家司马迁的爸爸也是一个历史学家，叫司马谈。司马谈有一篇文章叫《论六家要旨》，主要就是研究秦汉时期最重要的六大学术流派，谈了谈他对于这些学派的看法。

在司马谈眼里，儒家学说的知识非常丰富，主要是在推行一种用礼仪和尊卑长幼的秩序来安定天下的大道。但是司马谈觉得，儒家学派的主张还是有点空泛，缺少治国的切要纲领，出的力气大而收获少，这就导致在春秋战国时期，没几个诸侯国的国君真的愿意遵从儒家学派的思想。

相对来说，司马谈比较认可以老子、庄子为代表的道家学派。道家主要是在探讨人与自然、社会之间的关系，强调人要顺应自然的规律来行动，与自然和谐相处。司马谈在这篇文章里说了很多道家的好话。他认为，道家的学说借鉴了阴阳家对于世界运行规律的思想，又吸收了儒家、墨家、名家和法家的思想精华，能够顺着世界的规律变化和发展，既能使人精神专一，又能让人保持健康的心态和养成比较健康的行为习惯。

阴阳家和墨家

司马谈也研究过以齐国学者驺衍为代表的阴阳家的学问。

阴阳家讲究五行之道，对于世界万物的变化、宇宙天地的各种现象都有自己的一套解释。司马谈认为，阴阳家能够让人理解四季的变化，知道"顺天者昌，逆天者亡"的道理。但是，阴阳家的学说比较注重那些关于吉凶祸福的预兆，搞出来了很多禁忌和避讳。如果你相信阴阳家的学问，你会很容易感觉自己受到了很多束缚，平时也可能会担惊受怕。

然后他又说到了墨家。以墨子为代表的墨家学派，当初是一个很有体系、纪律严明的学术组织。墨家的学者一般要根据组织的委派，去各个诸侯国推行学派的主张，如果得到重用了，学者们的收入也要回馈给墨家的学派组织。

墨家学派学者的学问非常广博，很多墨家学者不仅是发明家，还是军事战术大师。墨家学者认为，人应该没有差别地、平等地去爱别人,所以当然不能去攻击别人。

对此,司马谈觉得,如果人人都像墨家学者那样,天下就没有尊卑贵贱,也没有亲近和疏远的差别了。同时,墨家学派还要求人们必须节约,平时吃饭穿衣都要能省则省,就算是去世了,最好也只用三寸厚的棺材。所以司马谈觉得,墨家的主张虽然能让人富足,但也有点抠门,人们很难照做。

法家和名家

司马谈还点评了法家学派。

我们在前文也讲过,以商鞅、韩非和李斯为代表的法家学派,讲究用非常严格甚至残酷的法律来治理国家。在春秋战国时期,秦国的统治者对于法家思想最认可,秦国也在法家学者的帮助下,统一了六国。

按照《战国策》的说法,法家学派的思想虽然能够约束人们的行为,让人们不敢犯罪,也不敢违反规定,但是比较"刻薄寡恩",太冷酷,太没有人情味了。

司马谈认为,法家思想能够让每个人都明白自己的位置和本分,但是法家的管理模式只能作为一种短时间的政策,没办法长时间地实施,否则老百姓肯定会受不了的。

和其他几个学派相比,以公孙龙、惠施为代表的名家学派的知名度稍微低一点。名家主要是在探讨逻辑学的知识,思考语言形式和事实之间的关系。在名家学者的眼里，语言不仅是辩论的工具，还是辩论的对象，他们经常去辩论语言本身。

名家学派的代表人物惠施和道家学派的代表人物庄子是好朋友，他们就曾经在一座桥上有过一场辩论。庄子看到桥底下鱼儿正在河水里游，就对惠子说："你看，鱼儿真自在、真快活啊！"

惠子回答说："你又不是鱼，你怎么知道它快活呢？"

庄子反问说："你又不是我，你怎么知道我不知道它快活呢？"

惠子接着说："你看，因为我不是你，所以我不知道你的想法，可是你也不是鱼啊，所以你也不应该知道鱼的想法，对吧！"

庄子和惠子的这场著名的辩论，向我们展示了名家学者是怎么辩论的。除了这个辩论题目，名家学者还提出过很多有意思的辩论题目，比如公孙龙曾经和人辩论过这样一个题目，叫"白马非马"——白色的马到底是不是马？

从"十家"到"九流"

西汉刘歆把先秦至汉初诸子思想分为十家，也就是除司马谈说的这六个学派之外，又增加了纵横家、杂家、农家和小说家四个学派。东汉班固根据这一说法，著录了这十大学派的人物和学问。

纵横家的代表人物是鬼谷子、苏秦和张仪，他们主要研究的是关于外交和谋略的学问。

杂家的代表人物是吕不韦，杂家的研究领域很广，内容很杂，对各个学派的知识都有研究。

农家，代表人物是许行（xíng），主要研究的是农业生产的知识，主张把农业工作当成最重要的工作。

我们在前文讲了，小说家主要就是收集老百姓在街头巷尾聊天谈论的故事。

班固说："诸子十家，其可观者九家而已。"也就是说，在他眼里，小说家实在是不太入流。所以人们就把小说家从学术流派里拿了出来，把其他九个学派叫作"九流"。

这就是"九流"的由来。

知识卡

古九流，多亡佚。取五种，修文质。

古代那些主要的学术流派的著作，大部分已经失传了。但是我们还是能选取五位思想家的作品，用来培养自己的学问和气质。

诸子十家，其可观者九家而已。

出自班固《汉书·艺文志》。意思是说，先秦时候诸子十家这些学说里，可以好好看看的只有九家。这种观点让中国的先秦诸子后来呈现出"九流十家"的文化格局。

元典篇

55 除了孔子和孟子,还有哪些"子"?

> 五子者,有荀扬,文中子,及老庄。
>
> 五子指的是哪五位思想家?
>
> 道家学派主要研究什么?

上一篇我们说到,"子"这个类别的书数量很多,我们不可能全部读完,因此《三字经》给我们推荐了五个人的作品。《三字经》说:

"五子者,有荀扬,文中子,及老庄。"

意思是说,五子是指精通儒家学说的荀子、扬子和文中子,还有道家学派的代表人物老子和庄子。

这篇就来讲一讲,这五位学者到底有什么过人之处,居然能够登上《三字经》的推荐榜单。

荀子和韩非子

荀子是战国末期的赵国人,名况。

我们在第一篇讨论"性善论"和"性恶论"的时候,就提到过荀子:孟子认为人的天性是善良的,但荀子觉得人的本性是恶的,至少是自私自利的。在荀子眼里,不论是君子还是小人,本性都是比较自私的,都喜欢功劳和荣誉,讨厌遭到羞辱,想要得到利益,希望能躲开侵害。

那人怎样才能成为君子甚至圣人,而不是由着性子为非作歹呢?荀子认为,人只有拥有一个比较和谐的成长环境,接受比较好的教育,而且遵守那些约束自己行为的法度规则,才能成为正人君子。荀子虽然是儒家学派的代表人物,但实际上,他创新发展了儒家的思想,在讲究用礼仪来治理国家的儒家思想里,加入了用法律来治理国家的法家思想的内容。

荀子在当时的学术界地位非常高。在战国时期,齐国有一家非常有名的官办高等学府,叫作稷下学宫。荀子曾经三次担任稷下学宫的祭酒,差不多相当于今天国内最好的大学的校长。荀子不仅是个大学者,也很有政治才能和军事才能,他能和赵国的大将军在君主面前探讨兵法,也曾经两次担任楚国兰陵县的长官。

当时很多人都拜荀子做老师,其中就有后来法家学派的代表人物韩非和李斯。李斯后来帮助秦国统一了六国,当上了秦国的丞相。而韩非留下了很多经典的作品,成了春秋战国时期最重要的思想家之一。

扬子和文中子

除荀子以外,《三字经》还给我们推荐了扬子和文中子这两位精通儒学的大思想家。

扬子的名字叫扬雄,是西汉时候的大文学家。西汉时候流行一种文学体裁,叫作"辞赋"。"辞赋"简单来说,既有诗歌的特点,又有散文的特点,一般比较讲究韵律,而且篇幅比较长,要几百甚至上千个字。

扬雄早年好辞赋,是一个有名的辞赋大师,后主张一切著述应以"五经"为准则。因此,除了文学素养很高,扬雄的学术素养也很高。扬雄推崇孔子所代表的正统儒学的地位,表示自己要直接传承孔子的思想。他还模仿儒家经典《论语》,用语录问答的形式,写了一本关于儒学的书,叫作《法言》。扬雄对于道家的思想也有一定的研究,于是仿照《易经》的体裁写了一本叫作《太玄》的书,讨论世界的起源。

文中子的名字叫王通,他是隋朝有名的大儒学家。他曾经模仿孔子整理并续写了一系列的儒家经典,给其取名为《续六经》。这套作品在当时名气很大,很多人都来向他拜师学习。据说,他的学生有上千人,其中像是温彦博、杜淹这些人,更是在唐朝做到了宰相。王通去世后,其子模仿《论语》文体记述下王通和学生的一些问答,辑成一本书,并将之命名为《中说》。

老子和庄子

道家的代表人物中，老子和庄子这两个人相对有名，大家也更熟悉一些。

老子是道家学派的创始人，姓李名耳。老子很爱读书，据说从小就博览群书，后来，老子更是当上了"守藏室之史"，相当于周朝国家图书馆的馆长。在这个岗位上，老子读了非常多经典的藏书，成了当时有名的学问家。

老子比孔子的年龄大一点，根据记载，孔子不止一次找老子请教问题。他曾经在老子来到鲁国的时候，向老子询问关于礼仪的知识。后来，孔子还专门跑去老子的家乡向老子请教问题。所以说，孔子也算是老子的半个学生了。有人记载，孔子说过这样一句话："吾今日见老子，其犹龙邪！"意思是说，我今天见到了老子，就好像见到了高深莫测的龙！

与老子有关的著作为《道德经》，又叫《老子》，相传为老子所作。这部作品虽然只有五千多个字，却对中国文化产生了非常重要的影响。《道德经》的第一句是"道可道，非常道"，光是这句话就有好几种解释。

很多学者是这么解释的："道"是能被说出来的，但能被说出来的"道"，就不是真正永恒的"道"了。道家学派研究的核心，其实就是老子说的这个"道"，其中又包括了宇宙万物的起源、世界变化的规律、万事万物的本质等等。

　　道家的理论非常深奥，甚至有点玄乎，以至于在后来产生了道教这种宗教。在道教里，老子被奉为教祖，尊称"太上老君"。

　　庄子的名字叫庄周，他也是道家学派里重要的思想家。庄子继承了老子的很多思想，和老子一起，被人称作"老庄"。和老子相比，庄子留下了更多的作品，而且，庄子的文章也更容易读懂。他写了很多有意思的寓言故事，用小故事来讲述人生的大道理，比如《北冥有鱼》《庖丁解牛》等节选自《庄子》的文章，现在被我们中学语文书收录。道家学说认为，人应该顺应自然规律，这样才能休养生息。据说，

庄子和老子都非常长寿，老子活了一百岁左右，庄子也活了八十多岁。

说完老子和庄子，关于中国古代著名经典和著名思想家的介绍就要告一段落了。对于这一部分，或许有的人觉得读起来不是很轻松，这也正常，毕竟那些孔孟老庄的学问，不是那么容易理解的，我们先初步窥探一下门径，做一个简单的了解也是不错的。

从下一本开始，我们将进入《三字经》的另一个部分——历史。

我们将跟着《三字经》里言简意赅的总结，完整地了解我们中国古代王朝的更迭，也就是中国古代史。

五子者，有荀扬，文中子，及老庄。

五子是指精通儒家学说的荀子、扬子和文中子，还有道家学派的代表人物老子和庄子。

吾今日见老子，其犹龙邪！

出自《史记·老子韩非列传》，是孔子对老子的评价。意思是，我今天见到了老子，就好像见到了高深莫测的龙！